考え方のコツ

松浦弥太郎

朝日文庫

本書は二〇一二年九月、小社より刊行されたものです。

考え方のコツ

はじめに　歯車のひとつになるために

『松浦弥太郎の仕事術』の続編として、本書『考え方のコツ』をお届けいたします。

本書は、僕自身この間に、新たに学んだり、発見した働き方、今こそと思う仕事に対する新しい心持ち、そういった、仕事において自分を高めるために書き出しておいたメモをまとめたものです。

四十代の一年というのは、本当に変化が著しい一年であり、昨日正しいと思ったことを今日改めるというようなことが多々あり、学びと発見の連続です。そんな日々の中で拾い上げた、ちょっとした発明ともいえる働き方を、できるだけたくさんの人と分かち合い、一緒に考えることができたら、心から嬉しく思うのです。また、時代を担う三十代の方にとって、本書が、これからの仕事を大いに楽しむためのきっかけになってくれたらと思います。

ここ最近つくづく考えるのは、仕事とは、たくさんこなしたり、スピードアップさせたり、追いかけたりするものではなく、日々、質を高く、楽しく、無理をせず続けられる自分なりのフォームをつくる。そして、世間一般的な、こうであるべきという理想を追うのではなく、自分が自分らしく仕事をするための働き方を、それぞれが工夫し、発見し、環境においての調和を図りながら、磨いていくことが大切であるということです。

僕は自分が社会の歯車のひとつであって良いと思っています。社会という大きな歯車に、自分という小さな歯車をどうやって噛み合わせるか。なんとか噛み合わせたい。そのために、自分という歯車の歯がどうあるべきか。手入れをしないことで摩耗し、すべってしまわないように、いつもしっかりと噛み合うように鋭く研いでおくこと。そうやって、まわりの人を楽しませ、とにかく社会に貢献するために働く。だからこそ自分という歯車の手入れをしっかり行いたい。

今は、仕事において、どれだけやったかという「時間」や「量」よりも、何をどうやってしたかという「質」に対する強いこだわりが求められる時代です。いい仕事をしたい、社会に貢献したいという、こだわり、わがままを一人ひとりがもっと持つべきだと思います。そのために何を学ぶべきなのか。そのひとつが「考え方のコツ」であると僕は思っています。

「考え方のコツ」は、学校や職場で教えてくれるものではありません。こればかりは自分自身で習得しなければならないのです。そして「考え方のコツ」とは、誰もが知っているつもりだけれど、意外と知らないことでもあるのです。今更、人に聞けないことでもあります。

「考え方のコツ」は、自分が何かに成功するための原理原則ともいえるでしょう。働き方のベースになる、「考え方のコツ」さえしっかり持っていれば、日々起きることに合わせてベストな対応を柔軟に変えてもいけるのです。

常に前向きで未来志向であることはとても大切で、社会の発展のために寄与することが仕事の最大の目的であると僕は思っています。そのために、知ることよりもはるかに難しい、考えるということを自分自身の新しい学びとして捉えていく。そしてまた、本書が『松浦弥太郎の仕事術』の応用編として、社会に貢献できる仕事や働き方を模索し、自分も変化と成長を続けるために役立つ一冊になれればと思います。

松浦弥太郎

考え方のコツ●目次

第一章

思考術

なんでも知っている人ではなく、なんでも考える人になる

第二章

想像術

面ではなく、たくさんの点をイメージする

第三章

コミュニケーション術

群れの中で群れにのみ込まれない泳ぎ方とは

第四章

時間管理術

時間に好かれ、時間を味方につける

第一章

思考術

なんでも知っている人ではなく、なんでも考える人になる

一日二回「思考の時間」を確保する

ゼロから何かを生み出す。

何かに頼ることなく、自分だけのオリジナルを「形あるもの、目に見えるもの」にする。

こうした、いわゆる発明ともいえるものは、その人のまごうかたなき自信となります。仕事だけではなく、これからを生きる人生の力にもなります。

考えてアイデアを生み出すというのも、発明のひとつ。何もないところから生み出された「自分だけの考え」もしくは「謎の解明」を、形あるものに変えていくという立派な発明です。「自分だけの考え」や「謎の解明」は、自信につながる発明であると同時に、仕事の要石《かなめいし》となります。

なぜなら仕事とは、やみくもに頑張ることではありません。片っぱしから思いつきを実行していくことでもありません。ましてや、会社や上司の指示に従い、手足のように動くことではないのです。

会社ではなく、自分自身の仕事におけるビジョンとは何か？

仕事を通して、自分はどのような人間になっていきたいのか？

この答えを見つけるたったひとつの方法。それは、まず自分の頭で考えることです。考えることは、たいそう重要です。よく言われることですが、「頭で考えずに行動しろ」と勢いに任せて走り出したら、目指す場所も自分自身も見失ってしまうことでしょう。

ところで、何か考える、思考する、アイデアを出すとは、抽象的な営みだと思っている人がいます。「突然、ひらめきが降ってくる」といった話はよくあります。さらに、考えるとは行動しながらできるもの、偶然生まれるもののように言われています。

しかし、僕の意見は異なります。考えるという営みにはプロセスがあり、能動的に自分で準備をせねばならない、そう思っています。

「仕事をしながら新しい企画について考えている」
「電車に乗っているときも、家族と雑談しているときもアイデアを練っている」
時折、こう言う人がいますが、思考とは、ながら作業でなんとなくできることではありません。積極的に「考えるための時間」を確保し、落ち着ける「考えるための環境」を整え、然るべき「考える手順」を踏まなければ、アイデアを生み出すことはできません。

そのために、まずは自分の生活を大切にすること。暮らしを大切にすること。この二つが前提です。生活が乱れていたら不健康になります。また、忙しい毎日の中では、考えるための時間をつくり出すことはできません。加えて、一時間なりを考えることに集中するには、心身ともに健康であることが必要です。風邪でぼうっとしていたり、昨夜のお酒が残ったりしている状態で、集中して考えることなどできるわけがありません。

もしも「あなたは何も考えていないでしょう?」と問えば、多くの人がいささか憤概しつつ、たちどころに否定するでしょう。しかし実のところ「考えているつもりで、考えていない」という状態の人が多いのではないでしょうか。その原因は「何かをしながら考えることはできる」という過信が誰しもあるからです。だからこそ僕は「考える習慣」を大切にしています。

考える習慣とは、思考の時間を確保することです。純粋に、考えるためだけの時間です。人によって仕事は違い、いろいろなタスクがあります。考える内容もそれぞれでしょう。それでも、考える時間が不要な仕事はありません。

僕はできる限り一日二回、思考の時間をスケジュールに組み込んでいます。

まずは午前中の一時間を確保します。なぜ午前中がいいかと言えば、心も頭もリフレッシュされているためです。一日働き、人と会い、あれやこれやを見て聞いてという状態だと、いろいろな雑念や感情が入り込んできます。純粋に自分だけの思考をするには、夜というのは心と頭の夾雑物《きょうざつぶつ》が多すぎる時間帯だと感じます。

その点、朝は睡眠によってリフレッシュされています。昨日までのいろいろなことがすっきり抜け落ちた状態で物事を考える。僕の経験ではこれが一番良く、直感もさえています。さらに午前中の一時間というのは、電話などの邪魔が入ることも少なく、細切れにされることもない、ゆとりを感じられる「大きな時間」です。

一時間をどこで過ごすかも、あらかじめ決めておくといいでしょう。無理のない環境で、一番リラックスできる場所なり状態なりでいいと思います。家族もまだ起き出していない早朝の自宅でもいいし、出勤途中のカフェでもいい。キッチンテーブルだろうとファストフードのカウンター席だろうと、椅子と机があり、一人で座ることができれば十分です。

始業時間前の会社の机も落ち着けると思いますし、始業時間後でもかまわないと思います。「仕事中にぼんやりして、あいつは遊んでいる」とひんしゅくを買うようでは困りますが、寝ているわけでもなく一時間じっと机に座っているのであれば、許される職場も多いのではないでしょうか。

「ながら」はタブーですが、あらたまってホテルの一室に行く必要もないので、誰にでもできることだと思います。「静かな環境に恵まれない」という人もいますが、集中力は訓練によって高まります。最初はなかなかできないかもしれませんが、考える時間を積み重ねるうちに、どこでもスイッチが入るようになります。

午前中の一時間は、あらゆることを自分の頭の中で整理して、アイデアを出していくための「思考の時間」。こう決めてしまうと、働き方が変わります。


考える手順については後述しますが、思考は必ず一時間で切ること。本当に真剣に考えたなら、集中力が続くのは一時間が限度です。考え始めてアイデアが浮かんでくると「いいところまできたから、もっともっと考えよう」と思うかもしれませんが、あえてやめること。一時間の先に浮かんできた絶妙のアイデアは、たいてい勘違いです。考えるというのは頭にかなりの負荷をかけることであり、長く続けるとストレスになります。「一時間以上考えても、かえって効率が悪い」ときっぱり線引きし、次の仕事に取りかかるほうがいいでしょう。

午後のもう一時間は、午前中に積み残した考えのうち、必要なことをさらに考えるための時間です。無理に考え続ける必要もないので、必要がなければ考えない日もある予備の時間です。したがって三〇分たらずで切り上げることもあります。

この一時間は、午前中に生まれてきたアイデアを「普通であるのか、当たり前であるのか、正しいものであるのか、違和感を感じないか」といった、さまざまな角度で検証するためにもあります。もちろん、午前中一時間考えても何も浮かばず、午後に同じようにもう一時間考えても何も浮かばずすっきりしない日もあります。一日二時間フルに使えば確実にアイデアが生まれるというほど、考えるとは安易なことではありません。

だからこそ僕は、「一日二回の考える純時間」を毎日の習慣にしています。

そしてまた「考え」には「検証」が絶対必要です。そのための時間でもあるのです。

□考え方のポイント

午前中と午後に〝考える時間〟をつくる。

考えることをあきらめない

考えるために大切なのは、そのための時間を確保すること。

考えるために絶対的に大切なのは、あきらめないこと。

毎日毎日、きちんと時間を確保しても、「もうだめだ」という状況に何度となく襲われます。午前中のたった一時間でさえ、何度となく行き詰まります。そうなると集中力がとぎれ、「無駄なことをしている」という徒労感が忍び寄ってきます。

それでも、あきらめずに考え続けること。あきらめないとは、自分を信用することでもあります。たとえば、「良い問いは良い答えにまさる」という諺があります。「なぜ、なに、なんだろう」と思うことは、きっと考えて答えを出す価値があるもの。だから、わかったつもりになって、そのままにして、いつか忘れてしまうのではなく、時間をかけてもいいから考え続けるべき。そうすれば、いつか必ず自分なりの答えを見つけることができます。とにかく、その問いを大切にし、忘れずにいつも自分で持ち続けること。そして、良い問いの条件とは、その自分自身が見つけた、「なぜ、なに、なんだろう」という点にこそあるのです。

「なぜ、なに、なんだろう」、と、もっといいアイデアがあるはずだと信じて、考え続ける。何日かかろうと、あきらめずに考え続ける。これが何より肝心です。

人間はとても面白いもので、理屈で説明できない「火事場の馬鹿力」を持っています。どんなものでも仕事には必ず期限があり、「今日中に考えなければいけない、言語化しておかなければいけない」というタイミングがあります。これを制限でなく、火事場の馬鹿力を出すスイッチにしてもいいでしょう。締め切りを厳守したうえで、ぎりぎりまであきらめないで考えていると、答えはきちんと出るものです。

僕がなんとも惜しいなあと思うのは、あと少しというところであきらめてしまう人。「あと五秒、あと一〇秒考え続ければいいのに、どうしてそこで『無理』だと決めつけてしまうのだろう?」

まわりを見ていると、そうした人はたくさんいて、実にもったいないと感じます。

最後の最後まで考え続けると、仕事の質は変わります。たとえば、自分の企画を説明する会議が午後の三時にあるとしたら、その一分前まで考え続ける粘りが、企画そのものを高めてくれます。「あと五分！」となったらあきらめて書類の体裁を整えるほうに注力するのではなく、文書にする時間はなくとも、語る言葉で相手を説得するだけの質の高いアイデアにすべく、とことん考え抜くことです。

もっとも、すべての仕事は逆算で成り立っています。ある程度は自分で調整するしかなく、「この日にプレゼンテーションがある」となったら、どのくらい前から考えなければならないか、経験で判断しながらスケジューリングすることも大切です。余裕をもって答えを出しておき、ふと気がつくことがあるたびに柔軟性をもって対応し、その答えを研ぎすましていく。こうした考え方が理想的だと思います。

□考え方のポイント

「なぜ、なに、なんだろう」と、あきらめずに何日かかっても考え続ける。

知らないことを調べない

思考を妨げるのは知識です。

極論と思う人がいても、「知識こそ力だ」と大勢の人に説得されても、僕はかたくこう信じています。考えることと知識を得ることは相反しており、まったく別だと。知識そのものが悪いというのではありません。知識に考えの邪魔をされるという危険を、ゆめゆめ忘れてはならないということです。

考えることと知識があることは、水と油ほど違います。考えるとは、自分で何かを生み出すこと。一方、知識とは、誰かが生み出したものをせっせと集めてくることです。

情報収集をし、知識が豊富になっただけで「自分で考えた」と思ってはいけません。人の知識を借りているのに、「自分のアイデアである」と勘違いするのは大きな過ちです。

「なぜ、なに、なんだろう」というのは思考のプロセスの出発点であり、思考の第一歩としては正しいのです。しかし問題となるのは、思考の第二歩。この時点で情報を集めたがる人が、どうしてこんなにも多いのでしょう？　第二歩から調べものの道へと踏み出す人は多いけれど、その先は迷路につながっています。調べものの道は、考える道よりもずっと歩きやすいけれど、どれだけ早く歩けたところで、答えというゴールにはたどり着けません。

「なぜ、なに、なんだろう」と思ってGoogleなどのインターネットの検索エンジンを使ったら、たちまち答えらしきものが無数に出てきます。答えでなくあくまで〝らしきもの〟ですが、それを見つけて満足し、「知らないことはインターネットで調べればいい」と思ったとたん、手間暇かけて考える必要がなくなります。

そうなると、どんどん自分で考えることをしなくなります。思考という冒険の旅に出るはずが、第二歩を踏み出したところで快適な場所を見つけ、くつろいでいるうちに一生を終えるようなものです。快適な「知識の小屋」にいれば、冒険で探し当てるはずの宝も居ながらにして手に入るので、幸運にも思えます。楽だし便利でしょう。
しかし、居ながらにして提供されたものは、自分で探し当てた宝ではありません。美しいかもしれませんが、本当に探していた宝かどうか、確かめる術はありません。なぜなら、自分で旅をして手に入れたものではないのですから。

検索エンジンに依存し、考えることなく答えを得るようになると、人間としての大切な機能が失われていく。僕にはそう思えます。これほど情報が溢れている時代だからこそ、あえて情報を遮断することを、できる限り心がけています。知ることも難しいけれど、考えることはもっと面倒で難しい。こう覚悟したうえで、自分は考える人でありたいと願っているのです。

だから僕は、インターネットで検索をしません。「一度もやったことがない」とは言えないけれど、いつやったのかが思い出せないぐらいです。
「アイデアを出しなさい」と言われたとき、要領よく自分以外の媒体を頼って見つけてくる。あるいは、その見つけたものを分析したものを添えて持ってくる。こんな仕事ぶりが自分のビジョンにつながっていったり、社会の評価を得ることは、あり得ない気がします。

仕事における経験が長くなれば長くなるほど、考えることは難しくなります。検索しなくても知識が増えるためです。知識は時としてその人の力となり、知識は時としてその人の邪魔をします。

「そんなこと、もうわかっている。その話は、聞いたことがある」とフィルター越しに物事を見てしまう。考えるなどという面倒は省略して、要領よく答えを用意してしまう。もの慣れた手順を踏んでしまうベテランは、どんな世界にもいます。しかし、何かを知っていることほど、悲しいことはない。僕はそう感じます。

いくら年をとっても、何も知らない自分を忘れずにいたい。いつも自分を、まっさらな状態にしておきたい。そう願っているから、僕は知識が増えすぎたと感じたら捨てています。知ったことを忘れていくのです。最新のことも耳に入ってきますが、残さないようにしています。

どんどんどん捨てていく。むやみに知識をためていかない。

一見、時代と逆行するその先には、「感じること」と「考えること」という手つかずの道が広がっています。思考の第二歩としては、そんな道へと踏み出したいものです。

知らないことは素晴らしい。最近あらためて感動したのは、『暮しの手帖』の新入社員が書いた、初めての原稿を読んだときのことでした。編集者としての経験も知識もないから、自分の内側を探るしかない。自分の心と向き合って、答えを見つけるしかない。そんな彼女の文章は、技術的には稚拙ですが、素直で見事なものでした。どんなベテランもかなわない、思考の果ての輝かしい発明がありました。

調べることをやめて、知らないことの素晴らしさを思い出そうではありませんか。

□考え方のポイント

知識が増えすぎたらどんどん捨て、自分をまっさらにする。

思考を「書くこと」で視覚化する

午前に一時間、午後に一時間、「思考の時間」を確保したとしても、やり方がわからない人が多いのではないかと思います。

僕も同じようにわからずにいて、いろいろな方法を試しました。失敗したり、工夫したりして、ようやくたどり着いたのが、ここで紹介する方法です。

とはいえ、ごく簡単な方法で、考えを紙に書くというもの。

頭に浮かんだことを文字にすることで、考えを視覚化していきます。頭の中で思考しているよりもずっとスムーズだし、前に進んでいける実用性があります。

大きな白い紙を用意しましょう。僕はいつもA3を使いますが、B4でもかまいません。できるだけ大きな白い紙をおすすめします。

最初に紙を机に置きます。そのまま、自分の目の前にある白い紙を、じっと見つめます。この時点では、まだ何も考えていません。いわばまっさらな状態です。何も書かれていない白い紙と対峙するとは、情報を遮断するためのウオーミングアップ。知識やさまざまな情報から解放され、ゼロの状態で考えるために、リセットするということです。

しばらく紙を見つめ、心が落ち着いてきたら、思考のプロセスに踏み出します。たとえば、目下懸案となっている企画、新しい仕事のアイデア、まだぼんやりとしているけれど何か自分の中で気になっていることについて、白い紙を見ながら頭の中で考え始めます。言ってみれば、「今日の思考のテーマについて考えてみる」というような感覚です。

考え始めたところで、すぐに答えは出てきません。決してあせらないように。いろいろな考えのかけらが、ぽつりぽつり、とりとめもなく浮かんでくると思います。整理もされておらず、ただの雑念のようにも感じられるでしょう。

こうした考えのかけらは、答えにならなくてもかまいません。すぐ答えが出てくるはずがないのですから。あまり制約せず、思考の流れに身を任せましょう。単語でも雰囲気でも、浮かんできた断片を、とにかく白い紙に書いていきましょう。これは頭の中で整理されていない感情や感覚のようなものを、視覚化していくプロセスです。「考えのかけら」はたいてい言葉の切れ端です。単語や走り書き、キーワードなど。画家や音楽家はまた違うのかもしれませんが、少なくとも僕の場合はそうです。

なぜなら、図や絵は具体的なものです。たとえば「花」という言葉には、薔薇《ばら》も紫陽花《あじさい》も向日葵《ひまわり》も含まれますが、花の絵を描くとしたら、それがどんな花なのかは具体化されています。白い花か赤い花か、大きな花か小さな花か。絵に描くとすればディテールがあり、どんな花かは特定されるのが普通です。つまり言葉のほうが、より抽象的で自由で広がりがあるということです。

「考えのかけら」をひたすら白い紙に書いていくと、だんだん自分の頭の中の景色が視覚化されていきます。頭の中にある思考が、目の前の白い紙に投影されていくようなものです。このときの気分はなかなかいいものです。

投影されたものは非常に表面的なので、これをきっかけに、もっと深く考えていきます。白い紙に投影された頭の中の景色のうち、特定の一点を深く掘っていくことこそ、考えるということです。

最初はばらばらのキーワードですが、紙に書き出したものを見ていくと、そのいくつかがつながります。点と点が線になり、関係性らしきものができあがります。また、点の中にも強弱が出てくるので、「ほかと比べてみたら、どう見ても雑念にすぎない考えのかけらだ」といった発見もあり、ふるいにかけていく作業でもあります。

最初は同列だった考えのかけらのうち、いくつかがまとまってアイデアの入口になる。白い紙を見ていると、深く掘るべき場所がわかってくる。この一連の作業が思考の基本的プロセスであり訓練です。こんなことを僕は毎日欠かさず行っています。

思考するには、手を使って書けばいい。

これに気づいたときは妙案だと思いましたが、初めて試したとき、こわくなったことを今でも憶えています。自分の内側と真正面から向き合うのは勇気がいる。しかし、ここで怯んでは思考のプロセスをたどることはできません。

思考のプロセスで使った白い紙は、感覚的に「まだ必要だ」と思ったら残しますし、もういいやと思ったら捨ててしまいます。あくまで思考の道具なので、見返したり、記録としてとどめておいたりする役割はありません。

大切なのは、書くことでなく考えることなのですから。

□考え方のポイント

「考えのかけら」をひたすら紙に書き出し、頭の中をビジュアル化する。

一考二案を基本とする

アイデアを出す。企画を立てる。解決策を探す。人に何か提案する。考えるときの目的はいろいろあります。何かしら答えを見つけようとして考えていくわけですが、僕はその際、必ず二つの答えを出すようにしています。「一考二案」を基本にしているということです。

たったひとつの答えを見つけ出すとは、なかなか難しいものです。最初から、ひとつの答えにたどり着こうとすると、自由度が減り、冒険心がしぼみ、頭が固くなるように感じます。

その点、「答えを二つ」というスタンスでいると、ひとつの答えを探そうとするときよりも多少肩の力が抜けているため、ハンドルに遊びがある状態で答えを見つけることができます。また、アイデアを二つ考える癖をつけると、思考が偏らずにすみます。

二つの答えは、真逆でもかまいません。たとえ矛盾してもいいから、考えていく中で二つの思いつきを掘り出すといいでしょう。

僕たちはまた、既存の何かを否定することを「考えること」だと誤解しているふしがあります。「みんなが黒というから黒」というのは迎合ですが、「みんなが黒というから自分は白」とすれば考えたことになるかと言うと、違うのではないでしょうか。既存のものを否定することでひとつのアイデアを見つけ、「自分の考えだ」としがみついたとしても、その答えは偏っている気がします。

ひとつの答えを出そうとすると、浮かんできた答えと答えを比べて「どちらかを否定すること」で結論に導いてしまいがちですが、二つの答えを出すという前提であれば、この失敗も避けることができます。

考えて、二つアイデアが出てきたら、それでおしまいというわけではありません。A案とB案をもとにして、C案を考える、これが僕のアイデア術です。

「A案とB案、このどちらでプレゼンテーションしようか」

こんなふうに考えてしまうかもしれませんが、二案を出すのはあくまで思考のプロセスです。また、A案とB案が出た段階では、たいてい壁にぶつかります。どうしても越えられないし、打ち壊すこともできない壁。この壁は、思考の壁です。「もうこれ以上、何も思いつかない。これ以上、考えるのはどうしても無理だ」という壁です。

思考の壁に突き当たったとき、考えるのをやめるかやめないかは、とても重要です。ここで思考の質が決まると言っても過言ではありません。

思考の壁にたどり着くまでも、時間と労力と集中力を使って相当考えているわけですが、それは本番のための助走みたいなもの。アイデアを出すとは、実は思考の壁に突き当たったときからがスタートです。これこそ、本当の「考える」ということです。

思考の壁を突破して、C案にたどり着く。これは決して安易な道ではありません。しかし、C案こそオリジナルのアイデアであり、自分だけの発明です。

限界の先まで考えていると、有益な意見交換ができるし、まわりに理解してもらうためのプレゼンテーションも簡単です。なぜならC案にたどり着くまでに、自分の中でさんざんシミュレーションをしているから。思考の壁を越える過程で、一人であらゆる討論を繰り返しているからです。

会議などでアイデアについて討論するとき、是非を考えるためによくやるのが、「否定すること」と「代替案を出すこと」ですが、これは自分にとって、思考の壁を乗り越える時点で一度すませたプロセスです。従って、会議で出てくるほとんどの意見は想定内となります。また、代替案の多くは、A案もしくはB案という、いわば「誰でも考えつくようなこと」です。これもまた自分の中で通過したプロセスなので、誰かが「C案よりA案がいい」と提案したとしても、それに対していくらでも自分の意見が言えます。

仕事におけるアイデアには、必ず「人」という対象があります。仕事が社会とのつながりである以上、ユーザーであったりカスタマーであったり、アイデアの先には人がいます。

A案とB案の二つを考えるときも、思考の壁を越えてC案を考えるときも、絶対に忘れてはならないのは、「自分にとっての良し悪し」あるいは「自分や会社の利益」ではなく、「人に喜ばれるかどうか」を指針とすることです。

儲かるか、成功するか、話題になるかではなく、「そのアイデアが本当に人を幸せにするかどうか」。この指針に常に寄り添いながら考え抜くことが、思考の壁を越える唯一の方法とも言えます。

□考え方のポイント

仕事の先にいる〝人〟を幸せにするためのアイデアを追求する。

優れたアイデアでなく純粋なアイデアを出す

アイデアを出すこと、考えることは、そもそも素直な自分と向き合うことですから、照れくさいことです。

無難なものでなければならないほど、まだ形にならないアイデアは、つたなく、青くさく、格好悪く思えます。

白い紙に向かって一人、真剣になっている自分も、無様に感じられる。パソコンに向かってキーボードを叩いているのは、なぜかさまになるのに、机に座って鉛筆で意味不明の言葉を書き続けているのは滑稽。そんな単純な話かもしれません。

だからこそ大切だと思うのです。真剣に考えるという営みに、決して照れないということが。

思考の断片は、人に見せるものではありません。アイデアを出す試行錯誤は、大勢の人々に対して、ライブ中継するものでもありません。それなのに、途中で照れくさくなります。自分の中にいる「観客」をひとたび意識すると、子どものように純粋に考えることができなくなります。

「こんな馬鹿げたアイデアは、みんなに笑われる」

「突拍子もないんじゃないか」

「もっとそれらしい案にまとめるべきではないだろうか」

こうした雑念に負けて、考えられなくなってしまうのです。しかし、ここで照れくささに負けると、自分に嘘をつくことになります。それらしく見せたくて、検索して集めた情報を組み立てる方向に逃げると、発明からははるかに遠ざかります。

優れたアイデアでなく、純粋なアイデアを出すこと。良質の仕事のための思考のルールはここにあります。このルールを肝に銘じれば、照れずに真摯になれるものです。

「松浦さんは、情報などいらないんですね」

検索をせずに考えるという話をすると、時折こう言われますが、大きな誤解です。

思考の材料として僕にも情報は必要です。ただし僕にとっての情報とは、検索して得られるものではなく自分自身の経験です。「自分が経験したことしか、情報とは言いたくない」と考えています。

自分が体験したこと、感じたこと、発見したこと、考えついたこと。これこそ僕にとっての実態のある情報であり、経験です。自分だけの経験という情報の中で、新しい答えを編み出していく。いくら格好悪くてもつたなくても、このオリジナリティに固執したいと思います。

誰かの情報を使って得た考えでもないし、優れたフレームワークを用いてもいない。そうやって苦労の末に生み出したアイデアは、レベルは低いかもしれないけれど、自分自身の貴重な発明です。だからこそ、胸を張って人に話すことができます。完璧でもなく、世の中を変えるようなものでもないかもしれないけど、純粋なアイデアとは、そういうものではないでしょうか。

一生の間に、どれだけ純粋なアイデアを生み出せるかどうかが、その人の人生を左右すると僕は思っています。

優れたアイデアをスマートに出そうとするほうが、むしろ簡単です。照れくさくもなるトライ&エラーも不要で、いかにも優秀な仕事人のように見えます。

しかし、それは知識を集めて組み立てているだけです。こうして考えないことが習慣になってしまうと、一生かかっても自分のオリジナルなアイデアを手にできないでしょう。もし、自分がそういう思考のスタイルで時を重ねたら、振り返ったとき残念でならないと感じます。たまらなくさびしいと思います。

だから僕は、どんなに稚拙であろうと、自分自身のオリジナルのアイデアを手にしたい。だから僕は、知識を集めるより失敗を交えて経験をしたい。それがどんなに格好悪かろうと、照れることなく懸命に「考えること」に取り組みたいと思います。

格好悪い試行錯誤を重ねれば、必ずアイデアが生まれるとも限りません。ひたすら悶々としていると、照れなくてもうんざりしてしまうことがあります。A案＋B案＝C案という公式はなく、いきなりC案にたどり着くこともあれば、A案＋B案＋C案

＋D案＋E案……とやっても答えが出ないこともあり、プロセスはさまざまです。

ところが純粋なアイデアが生まれた瞬間は、それがどんなに稚拙でも、自分で「これでいい」とわかります。理屈ではなく体と心で、「これでいいんだ」と感動する答えが、唐突に降りてきます。そうすると、「みんなが賛成してくれなくても、世の中のほとんどの人が反対だと言っても、これで絶対いける」という確信が芽生えます。

自分の体と心で、感覚的に悟る「純粋なアイデアが生まれた瞬間」。これも大切なものです。

□考え方のポイント

どんなに稚拙であろうと、自分自身のオリジナルのアイデアを信じる。

生まれたてのアイデアを育てる

純粋なアイデアとは、生まれたての赤ん坊のようなものです。A案とB案を考え、ようやくC案が出た段階で「これでいいんだ!」と感じたとしても、ひとつのアイデアとして認め、外の世界に発表しようと思い切るのは、意外に難しいものです。

なぜなら生まれたてのアイデアは、まだ自分だけの中に生きているものだから。実に純粋で、ひどく弱々しいものだからです。

純粋すぎるがゆえに、外の世界でちゃんと息をして生きていけるかわからない。否定的な意見にさらされたら、ぱたっと倒れてしまわないかと心配になる。こんなふうに感じるのも無理はありません。しかし僕は、そのアイデアが弱々しければ弱々しいほど、あえて外の風にさらすようにしています。無謀に感じられるかもしれないし、照れくささ、恥ずかしさもあるでしょうが、そのアイデアを強くし、独り立ちできるように育てる方法はそれしかないと、僕は思っています。

アイデアを生み出すまでは、思考というたった一人の作業。しかし、そこから先は、自分が生み出したアイデアについて、いろいろな人と話をしましょう。

アイデアを生み出す思考のプロセスでは、まず言葉にして紙に書きますが、次の段階はそれを言葉という声に乗せて他人に伝えます。

「こんなことを思いついたんだけど」と言葉にし、人に話すと、頭の中がどんどん活性化されていきます。無意識のうちに、さまざまなことが同時多発的に導き出されます。純粋なアイデアは、人に話すことによってさらに進化し、成長していく。これはアイデアを育てる方法とも言えます。

アイデアはまた、人に伝わらなければ意味がないというのは周知のことです。そのため人に伝わるようにアイデアをデザインしていくわけですが、仕事であれば「5W2H」を用いるといいでしょう。

一般的に言われる報告の基礎は5W1H（Who、What、When、Where、Why、How）ですが、仕事であればそこに"How much"を加えた「5W2H」がふさわしいと思います。

「誰が、なにを、いつ、どこで、なぜ、どのように、いくらでやるか」

この要素を満たしていくことが、自分のアイデアをデザインするということ。とはいえ、あらたまって話す必要はありません。話す相手は、仕事仲間でも友達でも、家族でもいいでしょう。

自分の中ではまだ未完成だった「赤ん坊のアイデア」を人に話せば、正しいかどうかもより入念に精査できます。

正しいかどうかは前述のとおり感覚的にわかりますが、そのうえでの入念な精査とは、そのアイデアが「普通かどうか」を検証することです。

すごく突飛なことや、一部の人にしかわからないようなことは、アイデアとしては成立しないと僕は思っています。純粋でオリジナルであるけれど、同時に普遍的なもの。どんな人とでも分かち合えるもの。これこそ優れたアイデアだと定義しているのです。

誰にでもよくわかる、誰にでも親しみのある、誰にとっても当たり前に近いこと。これが僕の中では、「良きアイデアの条件」となっているので、人に話しながらその感触をいつも確かめています。アイデアを普遍的にすべく、磨いていきます。


ところで、「アイデアを普遍的なものにする」というと、無難で万人受けするものに調整するかのような誤解を受けるかもしれません。しかし、子どもらしい自由な発想を持ちながら、公共ルールを守るということは必要です。この作業は、いわば小さな子どもに、社会のマナーや知っておくべき道徳を教えるようなものなのです。

「純粋で自由な子ども」とは、誰の迷惑も考えず、勝手気ままにふるまう子どもではありません。人と理解し合えるルールを知り、マナーを守ったうえで、自由で純粋な心を持ち続ける子どもこそ、本当の意味で社会とかかわれる「良い子」だと思います。

したがって、よいアイデアにそうした「しつけ」をするためにも、人に話すといいのではないでしょうか。

「ぱっと聞いて、わかりづらいことは、アイデアとして精度が低い」

そう見なしているからこそ、僕にとって人に話してみることは、アイデアを完成型に近づけるために不可欠なプロセスです。

□考え方のポイント

〝誰が、なにを、いつ、どこで、なぜ、どのように、いくらでやるか〟を満たしたアイデアを出す。

悩んだら歩いてみる

どうにもアイデアに自信が持てない、確信が生まれないということもあります。人と話をしても、腑に落ちないという場合も少なくありません。

それどころか、午前中の一時間を使ってもC案どころかA案もB案も浮かばず、行き詰まってしまうこともあります。

そんなときどうするか？　僕は歩きます。歩くということは人に話すのと同じくらい、思考を活性化させてくれます。

雑念やいらないアイデアが、歩いて体を動かすことによって、粗い網目からふるい落とされていく。そんな感じがいつもします。歩けば集中力も高まります。

ランニングの習慣がある人は多く、僕もその一人ですが、走るというのは肉体的に負荷が大きいものです。結局、「苦しい」という意識に支配されてしまい、考えるゆとりがありません。その点、歩くというのは呼吸のごとく無意識にもできるものであり、無になれるとても良い方法だと思います。

しばらく歩いて、自分の中で絡まり合った想念や雑念がふるい落とされたら、頭の中に「A案なのかB案なのか」あるいは「C案はどうか」とテーマを浮かべながら歩くといいでしょう。ぼんやりとしか見えていなかったアイデアが、歩くことによってピントが合い、クリアになっていくような感覚が訪れます。

このとき注意したいのが、単なる感覚で「わかったつもり」になってはいけないということ。クリアになった気がしたら、必ず言語化することが大切です。思いついたことを、たどたどしくてもいいから文字にしておかないと、いくらアイデアがクリアになったところで、たちまち振り出しに戻ってしまいます。「家に帰ってから書く」と思っても忘れてしまいますし、歩くうちにアイデアはどんどん広がるものです。

だから僕は、立ち止まってその場でメモをとるようにしています。歩くときには、必ずペンと紙を持っていくと決めています。

歩くことの応用編として、人ごみを見に行くことも有益です。紙に書き出して言語化することで発見があり、人に話すことで発見があり、歩くことでまた発見があってアイデアは完成型に近づいていきますが、「それでも納得がいかない」ということもままあります。

こうしたときは、人ごみを見に行きます。仕事の合間でもいいし、仕事の行き帰りでもいい。休みの日にふらりと出かけることもあります。

休日の原宿かもしれないし、ランチタイムの丸の内かもしれないし、朝の東京駅かもしれない。そのとき考えているアイデアを裏打ちする場所を求めて、出かけていきます。どこにするかは自分の勘所とも言えます。

人ごみで得られるのは経験であり、ものすごい量の情報です。たとえば、渋谷の１０９の前に行くと、パソコンで知ることができない情報を自分で経験できます。もちろん１０９というのは一例にすぎず、昔ながらの商店街のおかず横丁も、行けば必ず収穫があります。

すべての仕事は、社会とのかかわりです。そのアイデアが世の中にとっていいものかどうか、人を幸せにするかどうかは、自分の経験に照らし合わせて判断しなければなりません。そのために僕は、人ごみを見に行き、感覚的な情報を得ているのです。僕にとって人ごみに行くとは、パソコンを開いて検索をする作業に近いかもしれません。

どんな場所に、どんな顔をして、どういう表情を浮かべた人が集まっているのか。世の中は今、いかなる状態にあるのか。

絶対的な正解はありません。状況分析やマーケティングとは違います。

ひたすら観察する。その場に身を置いて経験する。わがこととして実感する。これこそがアイデアの行き詰まりを打開する秘策であり、次のアイデアを見つけるための情報収集です。

もうひとつ欠かせないのは、自然を見に行くこと。山、川、海、森、草原。わざわざ富士山に登らなくても、都会の公園でもいい。空を見上げるだけでもかまいません。

まず自然に身を置き、客観的で大きな視野を獲得します。そのうえで「このアイデアは正しいのだろうか」と自分に問うようにしています。自然の中で最後にもう一度精査した結果、「これは違う」と思うこともしばしばです。そうなると、また一からやり直しとなります。

利己的にならず、世の中に流されない純粋なアイデアかどうか、最終的に自然に問いかけると、いずれ答えが見えてきます。

□考え方のポイント

「観察」「経験」「実感」という行動がアイデアの行き詰まりを打開する。

「叩きようがない叩き台」をつくる

どんなプロジェクトにも、プロセスがあります。

たとえば企画書を書くときは、まず頭の中での思考からスタートし、目に見えるものとして単なるアイデアのメモ、企画書以前の走り書き、人に見せる前段階のラフな企画書、人にアイデアを話してみて推敲した企画書を経て、会議に提出する企画書ができるといった具合です。

僕が思うのは、完成の途中で生じるものは、人に見せないほうがいいということ。現実には、「これはまだ叩き台ですが」といって、あまりに未完成な企画書を出す人が珍しくありません。この際の「叩き台ですが」という言葉は、完成度が低いことへの言い訳に近いと感じます。

あまりにも拙いものだと、叩き台にすらなりません。ほぼ完璧にできあがっている企画書をもとにディスカッションをし、さらに良くなるよう内容を詰めていく。これが「叩き台を検討する本来の目的」です。

未完成なものは人と共有しない。これを自分のルールにすると、二つのメリットがあります。

ひとつは、よりじっくりと慎重に思考するので、企画自体の完成度が上がること。

もうひとつは、無駄な誤解を招かずにすむということです。

それが斬新であればあるほど、アイデアというのは伝えにくいものです。うまく説明しないと、せっかくのアイデアが台無しになります。

それなのに「叩き台」という言葉を便利な免罪符にして、完成度の低い未完成の企画書で説明しようとしたら、せっかくの良いアイデアも「意味がわからない」と却下されたり、「つまらない企画だ」と誤解されたりする危険があります。

目指したいのは、「かなりできあがっていますが、さらに良くするために意見をください」というウエルカムサインになるような「叩きようがない叩き台」です。

僕は「自分の中で、ほぼ完璧まで仕上げたものしか人には見せない」と決めていますし、部下が「草案ですが見てください」と言ってきたら、「じゃあ完成させてから持ってきてください」と答えます。完璧を超えたその上を目指さなければ、みんなで知恵を出し合う意味がありません。

叩き台の完成度を上げると、アイデアを仕上げる最後の最後まで、自分ひとりで詰める責任を持つ覚悟ができます。もちろん完成しているものでも、人に意見を聞いて、それが必要であれば、素直な気持ちでどんどんブラッシュアップさせていくことが必要です。

□考え方のポイント

未完成なものを人と共有しないことを自分のルールにする。

第二章

想像術

面ではなく、たくさんの点をイメージする

「知らないこと」の中に答えがある

どのような仕事に就いていようと、社会人として備えておかなければいけないこと。働く人間であれば、常に研ぎすませておかなければいけないこと。それは「想像力」だと僕は思っています。思考を重ね、いろいろなアイデアを生み出しても、それだけでは仕事になりません。思いつきのその先にあるものは何かを考え、行動に移していく。このプロセスで欠かせないのが想像力なのです。思考は自分一人の世界で行うものです。仕事は社会の中での営みです。自分と社会をつなげる橋渡しとなるもの、それが「想像力」ではないでしょうか。

「このアイデアを形にし実行したらどうなるのだろう?」と、先々まで想像してみましょう。思考の果てに生み出したアイデアは、自分だけの発明です。それはまだ試していない「経験されていないこと」です。結果がどうなるか、その答えは無数の書物を繙《ひもと》いても見つかりません。インターネットの検索でも見つかりません。新しいアイデアがどうなるか、その答えは常に「知らないこと」の中にあります。知らないのであれば、想像するしか道はありません。

想像というと抽象的なことに感じるかもしれませんが、先々を見通そうとするのであれば、かなり具体的なことに向き合わざるを得なくなります。たとえばある新商品を思いついたとして、それを会社で検討したらどうなるか、お店で売ったらどうなるか、それを買ったお客さまがどうなるか、暮らしの中で置かれている様子はどうなるか、を仔細にイメージしていけば、空想物語とはまるで別のものになるはずです。

想像する習慣というのはとても大切ですが、いいことばかり想像していては、トレーニングになりません。成功イメージのシミュレーションは大切ですが、同時に最悪の失敗のシミュレーションも、丹念かつ厳しくやっておきたいものです。

最高の成功も、最悪の失敗も、常に考えておくのが仕事の鉄則。あらゆるケースは起こり得るし、それにどう対処するかが仕事のスキルです。

あくまで「対処」であり、「解決」ではないということも心得ておきましょう。たいていの場合、解決方法は見つかりません。世界はそれほどシンプルではないし、逆説的ではありますが、いかに想像しようと想像外のことは必ず起こります。

しかし、たとえ想像外のことが起きても、あらゆることを常日頃から想像していれば、「自分の想像外だが、起こり得るケースのバリエーションのひとつだ」と捉えることができます。そうやって落ち着いて構えれば、解決することは難しくても、とりあえず対処する方法は得られるものです。仕事を成功させることより、最悪の事態でどう対処するかを、いつも想像しておく。この備えが仕事のクオリティにかかわると僕は肝に銘じています。


想像力を鍛えるといっても、難しいことではありません。日々の生活の中でできることですし、むしろ毎日の暮らしに取り入れたほうが効果的です。

たとえば会社で自分の部屋を見渡して、「月の終わりの月曜日のこの日、今ここで自分は、どうしたら一番いいか？」と想像してみる。ミーティング中、「こんな提案をするということは、あの人は今どうしたいのだろう?」「ずっと黙っているけれど、この人は今何を考えているのか?」と想像してみる。

家庭など、プライベートに用いることもできます。しかし仕事に役立てるのであれば、職場から広げてお客さまについて想像してもいいでしょう。

「広い社会の中で、人は何を求めているか?」

「人はみな、何を考えているのか?」

最終的にはこのくらいまで広げるのが理想です。一見、関係ないと思われるくらい想像の範囲を広げれば、仕事の実用的なヒントが見えてきます。


想像することは思いやりとも似ています。思いやりもとても大切な意識ですが、時に思いやりはどこか独りよがりでもあります。想像力というのはもう少し客観的で、冷静に物事について思いめぐらせることだと僕は解釈しています。その意味で想像力は、人間関係においても大切です。相手が今何を考え、何を感じているのかに思いを巡らせ、自分が常にそれに対応していきたいと願っています。

想像力を鍛える方法はいくつかありますが、それ以前の原則として、知識を詰め込まないことが大事です。知識があると「もうわかっている」と勘違いし、想像力を働かせる気分になりません。知識とは、思考にも想像にも邪魔になるものだと感じます。知っていることの中に答えを見つけるのではなく、想像力を働かせて、知らないことの中で答えを生み出しましょう。何かを知っていることよりも、想像力を働かせることを大切にしましょう。

□考え方のポイント

想像力は毎日の暮らしの中で鍛えるのが効果的。

面ではなく、たくさんの点を想像する

思考の果てのアイデアを実行に移すには、そのアイデアを「彫像」してみましょう。考え抜いたアイデアでも、最終段階ではありません。まだ「かたまり」の状態です。これをやわらかくもみほぐし、削ったりするなどして具象化するのです。ひとつの単語だったアイデア、そのかたまりをわかりやすい文章にしていくようなプロセスです。

アイデアを具体的にしていくときにも、想像力が必要です。

僕がいつも行っている方法は、そのアイデアをたとえてみること。

人に説明するとき、「たとえば?」と話を展開することがよくあります。その「たとえば?」をいろいろなバリエーションで、できるだけたくさんつくってみるのです。

「このアイデアは、食べ物にたとえると、どういうもの?」

「このアイデアは、音楽にたとえるなら、どういうもの?」

どんなものでもかまいません。たとえ話を用いた説明を繰り返すと、アイデアはどんどん具体化して、自分の中でも整理がついてきます。理解が深まり、アイデアを実行に移す手がかりが見つかります。

たとえ話をつくるコツは、目の前にある物事の真ん中ばかりを考えないこと。

普通はアイデアの核心に注目し、そこばかりあれこれ考えてしまいます。だからこそ意識的に、核心ではなく周辺には何があるのかを想像しましょう。

あるプロジェクトについて考えていくとしたら、そのプロジェクトがどう動くかという核心ばかりに着目せず、「その周辺で、何がどう動いていくか」について、想像力を働かせる。社内のことだけではなく、社外で何が起きているのか。それによって社会がどう変わるかも、きめ細かくイメージするのです。真ん中にあるものと周辺の要素を絵に描いてみることもおすすめします。

そしてまた、仕事における想像力において、一番わかりやすくて簡単な訓練は、

「このアイデアによっていくら儲かるか」と具体的に考えることです。自分や会社の儲けだけに算盤をはじくのではありません。かかわる人全員が儲かるか、取引する会社が儲かるか、それを手にした人にどんなメリットがあるか、想像力を働かせる。お金を絡めて真剣に想像すれば、いやが応にもアイデアの周辺まで、非常に具体的に思いを巡らせることになります。

ぺたっと塗りつぶしてあるような大きな面も、実は無数の小さな点でできています。単一的な物事というのは、実はこの世に存在しません。そんな意識で、細部に想像を巡らせていきましょう。すべてに対してというのは難しいと思いますが、必要に応じて、ぎゅっと想像力を働かせて深く思考することを身につけておきましょう。

□考え方のポイント

物事の核心よりもその周辺部にあるものをよく見て思考する。

逆に考えてみる

たとえ話に限らず、アイデアを言葉で人に説明することは、想像することにつながります。どうすれば相手に伝わるかを想像し、どうすればそのアイデアが生きるかを想像し、そのアイデアを世に問うたとき、果たしてどうなるかを想像することになるからです。

両極端の説明を、イメージしてみましょう。これはぜひ試してもらいたい、想像力を養う訓練です。

一例を挙げると、雑誌『暮しの手帖』に一二ページの料理企画があるとして、その号のテーマが「コロッケのつくり方」だとします。

「この企画を、一番シンプルに伝えるには、どんな表現と方法がいいんだろう？」

僕の場合、まずシンプルに伝えるとは、どんなことかを想像します。次に、真逆の説明を想像します。どちらも同じクオリティの仕上がりであることが大切です。

「この企画を、一番詳しく説明するには、どんな表現がいいんだろう?」

このように「一番ポジティブな説明」「一番ネガティブな説明」を想像してみる。あるいは「一番少ない言葉で、数秒で説明する」「あらゆる語彙を駆使し、三時間かけてじっくり説明する」という想像でもいいでしょう。

自分が考えたアイデアの一面だけではなく、いろいろな面を見てみるような感覚です。ひとつのアイデアについての説明ですから、実際にすべてのパターンの説明に誰かをつき合わせるわけにもいきません。だからこそ、想像力のトレーニングとしてやってみるのに最適なのです。

逆さにしてみたり、裏側を見てみたり。表面を見たり、断面を見たり。あるときは粘土のごとく、つぶしてみるような三次元的な見方もします。

真逆の説明をいくつか想像すれば、バリエーションは無限に出てきます。

やがて、そのアイデアをより深く理解できてくるし、本質がわかります。ここまでくると、「では、どうやって実行しよう」という行動につなげていくための地図みたいなものも形になってきます。

逆に言うと、想像の中ですらひとつの表現でしか説明できないし、地図もできないアイデアは、そもそもだめなものだとわかります。

□考え方のポイント

真逆の説明をいくつか想像すれば、本質が見えてくる。

自分の都合よりも相手の幸せを選ぶ

想像力を働かせるために、なによりも必要なのは好奇心です。これまでの著書でも触れていますが、すべてのことには好奇心が欠かせないし、好奇心がなくなったら、自分にとって一番大切なエンジンを失うような気がします。

いつでもいろいろなことに好奇心を持ちながら、「なぜ、なに、なんだろう」と子どものように目を輝かせていれば、想像力は自然と養われていくと思ってもいるのです。

それでも、忙しすぎたり、余裕がなかったりすると、好奇心は頭を引っ込めてしまいます。大人になると、知識の鎧が重たくて、やわらかい好奇心がおさえつけられてしまうこともあるのでしょう。

ふとしたとき、「いつのまにか好奇心が枯れかけている」と気づいたら、「もし自分だったらどうだろう」と想像してみましょう。好奇心がないと、自然になんにでも関心を持つとはいかなくなるので、そこを想像の訓練で補うのです。

たとえば、会社の中でシミュレーションをしてみます。

「自分が社長だったらどうするか?」

「自分が部長だったらどうするか?」

「自分が新人だったらどうするか?」

「自分だったらこんなとき、どう行動するのか?」

目の前にあるさまざまな状況に、いつも自分を当てはめていく。そうすると、どんどん想像力が鍛えられると同時に、しおれかけていた好奇心もよみがえってきます。

「もし自分だったら」と想像することは良い訓練であり、大切なことですが、僕が危ないな、と思うのは、仕事の現場で自分の考えにしがみついてしまうことです。

「もし自分だったら」と想像することと、「自分はこうだ」と考えること。この二つは一見よく似ていますが、本質は相反するものです。

あらゆる仕事は「こうしようと思う」「こうしたい」「こうするべきだ」という判断の連続で成り立っています。おのずと自分の意思がかかわってきますが、それが自分の都合とイコールであってはなりません。

自分の都合。会社の都合。組織の都合。

「もし自分だったら」と事象に自分を当てはめて想像するのではなく、「自分がこうだから」と、事象のほうを無理やり自分の枠に押し込んで行動する。さらには、「これが現実的だし、効率がいい」などと言ってまわりにも考えを押しつけ、強引に推し進める。仕事の場では珍しくないシーンです。やむを得ないと目をつぶり、流れに従うのが大人のやり方のように思われています。

もちろん僕にも、そうしてしまう気持ちはわかります。いろいろな制約の中で働いていれば、自分の都合だけで精一杯で、ほかをおろそかにする罠は無数にあります。

しかし、つい犯しがちな過ちだからといって、そうしていいという話にはなりません。仮に当座はうまくいっても、結果として仕事の成功からは遠ざかるでしょう。

「自分の都合」という罠にはまりそうになったときも、想像力の出番です。

「この仕事は、相手にとって喜ばしいことなのか?」

「この仕事の先にいる人たちを、幸せにすることなのか?」

最終的には、「この仕事は、世の中のためになることなのか」と想像してみると、その決断が果たして正しいことかどうかがわかってきます。


僕たちはうっかりすると、当たり前のように自分の都合で仕事をしてしまいます。

「いや、とはいっても〇〇だから、こうするしかないんです」

「〇〇」には、予算、スケジュール、慣例ほか、さまざまな要素が考えられますが、すべて同じです。


熱意から出た、悪意がまったくない「〇〇」もあります。たとえば雑誌の編集で、担当者が自分の企画が良いものだと信じて「こうしたい」と提案するときがそうです。そのアイデアは、センスが良いかもしれないし、格好よくて斬新かもしれない。しかし僕は、読者にとってわかりやすくて親切で嬉しいことこそ良い企画だと考えます。編集者というつくり手にとって嬉しい企画など本末転倒であり、いくら格好よくて斬新な企画でも、読者にとってどうなのかが重要なのです。これは、雑誌の仕事に限らないのではないでしょうか。

厳しい話ではありますが、こちらの都合で物事を判断する習慣は、きっぱりと払拭したい。そのためにも想像力を働かせて、仕事のその先にいる人が本当に嬉しいかどうかをイメージするよう、努めています。

「こうするしかない」ということは、本当にこうするしかないのか？　自分が「こうしたい」と思うことは、人を喜ばせることよりも絶対的に大切なのか？

毎日毎日、こう問い続けて仕事をしようと思っています。

□考え方のポイント

「自分がこうだから」ではなく「もし自分だったら」と仮想して行動する。

誰かを好きになったときを思い出す

暮らしでも仕事でも、その先には人がいることを忘れない。

僕が繰り返しこう書くのは、大切な原理原則だと信じているからです。『暮しの手帖』の仕事であれば、その先にいる読者のことをいつも考えます。読んでくれる人がパッと表紙を見たときにどう感じるのか。ほんの数秒、ぱらぱらと立ち読みしたとき、いったい何を思うのか。この特集の見出しを見て、どう考えるのか。買うときに迷うとしたら、なぜ迷うのか。

もちろん「買ってもらえたらおしまい」という話ではありません。どんなときに、どういう気持ちで読むのか。寝る前に一人で読むのか、それとも移動中に電車の中で読むのか。会社の昼休みに同僚と読むのか。どんなシチュエーションで『暮しの手帖』を読んでくれるのかを、いつも想像しています。

夜、寝る前に読んでくれるなら、何を感じるのだろう。ぱたりと閉じて灯りを消し、ベッドの中で目をつむったら、どんなことを思いながら眠るのだろう。翌朝、目覚めたときには、何を考えるのだろう。

自分の思いつく限りの想像力を働かせると、自分のアイデアが正しいか正しくないかを超えた、「その先の人が幸せになるかならないか」という答えが見えてくる気がします。

「その先の人が幸せになるか」を知るために思い出してもらいたいのは、誰かを好きになったときの気分です。

出会ったばかり、つき合い始めたばかりのころは、誰でも自分を好きになってもらいたいし、知ってもらいたいと願います。相手が今、何をどう考えているのか、何をしたら喜んでくれるのか、ありったけの想像力を働かせます。

プレゼントでも食事でも、「一番、相手が喜ぶ」と思うことを実行に移しますが、その周辺にも思いを馳せます。たとえばプレゼントであれば、「何をプレゼントしたら一番喜ぶか」だけでなく、「いくら欲しがっているものでも、高価すぎて受け取ることが相手のストレスになるものはだめだ」と考えるでしょう。また、どんな場面で渡せばいいかも想像します。メールひとつとっても、相手がどんな気持ちで読んでくれるか、いつ読むか、想像しながら送信します。

人を好きになると素の気持ちがむき出しになり、不安も生じます。それゆえに「こんなことをして、嫌われたらどうしよう」などと、最悪の場合も想像するものです。つまり、最高と最悪をきめ細やかにイメージし続けるというのは、恋する人にとってはごく自然だということ。この気持ちを、暮らしや仕事においても保つことが、「その先にいる人を幸せにすること」につながるのではないでしょうか。

「仕事でも、恋する気持ちを思い出そう」などと書くと、現実離れした提案だと思う人もいるでしょう。しかしこれは、至極現実的な話です。

あえて下世話な言い方をすれば、人を幸せにすれば、その仕事は儲かります。

人は何かに喜んだとき、お金を払います。嬉しい、楽しい、面白い、おいしい、わくわくする。喜びを感じ、幸せにつながると思うことに人は価値を見出し、その価値に対してお金を払います。これこそ「利益が生まれる」ことだと僕は思っています。「この仕事で利益が上がるか」と考えることと、「この仕事は人を幸せにするか」と考えることはつながっている。だからこの原理原則は正しいと感じているのです。

人を幸せにすることと、一瞬だけ喜ばせることとの線引きについては、常に注意しています。その瞬間だけ夢中になり、中毒すら引き起こすような快感は存在しますし、そうしたものを提供してお金を得るビジネスもたくさんあります。確かに人は喜んでいるかもしれませんが、長期的に見て、人を幸せにしているかというと違うでしょう。

食べ物にたとえるとわかりやすいかもしれません。味が濃くて刺激的なジャンクフードなど、食べている最中はおいしいというものはいくらでもあります。しかし、あとから「おいしかった」と思うかといえば違います。「もう一回食べたい」とは、なかなか思いません。本当においしい料理は、食べたあともおいしいし、夜寝る前に「今日食べたあれは、実においしかったな」と思えるようなものです。

一瞬の刺激、一瞬の楽しさ、一瞬の幸福感を提供して儲けるような仕事は、永続性を持たないでしょう。あとから「ああ、これにお金を使って良かった」と相手がしみじみ思ってくれるもの以外で、商売をしてはいけないということです。

人の心に静かにしみわたるもの。本当に長い間、抱きしめていられるもの。

こうした幸せを提供できるかどうかを考えることが、自分自身の仕事の成長につながると思っています。

□考え方のポイント

人を幸せにすれば、その仕事には必ず利益が生まれる。

「一番の敵」になって考えてみる

想像力を全方位に働かせるときに難しいのは、自分について客観的になることです。特に自分の負の部分は想像したくないものですし、認めづらい。評価が甘くなってしまうこともままあります。現実の失敗やミスも、見過ごして前に進んでしまいがちです。

しかし、すべてが思いどおりにうまくいくことは滅多にありません。失敗、ミス、紆余曲折が必ずあります。そこに次の一歩のための大切なアイデアがひそんでいるので、目をそらさずに向き合うことです。そのためにも、自分について客観的である必要があります。

客観的になるための簡単な訓練は、自分にとっての「一番の敵」になって考えてみること。

自分について正しい評価をしてくれるのは、自分に対して批判的な人です。いささか乱暴ですが、世の中の人を自分の敵と味方に分けたとして、明らかに「アンチな人たち」というのは、誰にでも必ずいます。僕にしても「アンチ松浦弥太郎」という人たちは少なからずいると思っていますが、その人たちの評価が一番客観的で一番正しい気がします。ときどきそうした人になったつもりで、自分を評価しています。

アンチな人たちを認めるのは、なかなか難しいことです。たんなる嫉妬だ、好き嫌いだと遠ざけたくなるかもしれません。しかし、自分に対する客観性と謙虚さを持つには、彼らの声ほど役に立つものはありません。基本的に厳しいし、少なくとも過大評価はしていない。「これこそ自分についての正しい評価だ」と受け入れると、嬉しいことを言ってほめてくれる人からは得られない学びがあります。

必要以上に自虐的になれとは言いませんが、自分にとってマイナスで、見たくないようなところにこそ、いろいろな宝物が眠っています。

一番の敵は、手厳しい事実を知り、自分の本質に近づくための水先案内人です。

次の一歩を歩むためのキーワードが眠っている「自分の負の部分」も知れば、客観的な評価もできるようになっていくのではないでしょうか。

□考え方のポイント

自分について正しい評価をしてくれるのは、自分に対して批判的な人である。

観察することで想像力を鍛える

想像力を養う訓練をいくつか紹介しましたが、ベーシックとして持っておきたい習慣には二つあります。

習慣のひとつ目は、観察すること。人、状況、自然などを常に観察し、「次はどうなるか？」といつも想像する習慣がつくと、想像力は豊かになります。

僕はいつも人間を観察していました。電車に乗っているなら、乗客をとっくり観察します。座っている姿勢、服装、表情、読んでいる本、ちょっとした仕草。

「この人は、どんな仕事をしていて、今何を考えているんだろう？」

「これからどこに行こうとしているのかな？」

「何に悩んで、何を楽しいと思っているのか？」

今でもカフェでお茶を飲んでいるとき、無意識に人や状況を観察していることがよくあります。

「雨が降りそうだから、ちょっと店が混むかもしれないな」

「斜め前の人、あの傘を忘れていきやしないだろうか」

「お店の人はそろそろ早番と遅番の交替の時間みたいだな」

このような、目で見てすぐわかる状況をさらに掘り下げていくと、想像力がたくましくなります。

観察する習慣をつけるには、車の運転を思い出すとわかりやすいでしょう。自転車でもかまいません。安全に交通手段を守って目的地まで行くには、信号無視をせず、交通ルールを守っていれば絶対に大丈夫かと言えば違います。自分がルールを厳守していても、まわりにはいろいろな人がいて、それぞれの都合で動いています。

だからこそ、車や自転車の運転で必要なのは想像力です。

「あの車は今、何をしたいのか」

「この車はどういうふうに曲がりたいのか」

「今はどういう混み具合で、どのスピードで走ったら安全なのか」

「どこが死角なのか」

絶え間なくあたりを三六〇度観察し、さらに想像しないと安全な運転はできません。

「あのトラックは、たぶん信号が黄色でも突っ込んでくるだろうな」

こうした想像は運転に不可欠です。

不意に飛び出してくる子どもは予測できず、まさに想像力を駆使するしか事故を防ぐ術はありません。そして、想像力の土壌となるのが観察なのです。

運転が下手な人は、想像力がない以前に、観察していません。バックミラーも見ないし、サイドミラーも見ないし、まわりも見ていない。だから、クラクションを鳴らされてはっとしたり、危うくぶつかりそうになって、ひやっとしたりします。

車を運転するごとく、仕事の場でもまわりをよく見て、観察を怠らない。観察をしたらそこからあれこれ想像し、イメージトレーニングをする。これを日常の習慣に組み込むと、仕事のやり方が変わってきます。

いささか脱線しますが、僕が観察の習慣を自然に身につけたのは、若い頃に一人で外国を旅していたからだと思います。知らない街に行き、観察も想像もせずに歩くというのは、危険きわまりないこと。そもそもひしひしと恐怖を感じるので、観察せざるを得ませんでした。

空港、駅、街の中。特に、僕が過ごしていた八〇年代終わりのニューヨークは治安が悪く、地下鉄に乗るときでさえ、「この車両で大丈夫なのか」ということを一瞬で確認しなければなりませんでした。酔っぱらっている人も暴力を振るうような人も少なからずいたためです。

乗り込んだら、さらに乗客を観察して想像力を働かせ、「やっぱり違う車両に移ったほうがいいんじゃないか」と判断する。都市生活をしていく中では不可欠の確認作業であり、ごく日常的なことでした。

すべての物事は変化しています。永遠に同じ状態にとどまっているものはありません。状況だけでなく変化を観察し、自分の想像力を育てていけば、常に先手を打てるようになります。後手後手にならない準備ができます。

準備こそ仕事の基本であり、成否を決めるものですから、やはり観察と想像は日々の習慣に組み込んでおくべきベーシックと言えるでしょう。

□考え方のポイント

状況だけでなく、変化を観察し、想像力を育てる。

想像の結果としての創造は、健康でつくられる

想像力を養うベーシックとして持っておきたい習慣の二つ目は、良き生活習慣です。僕は早寝早起き、腹六分目、運動、休息といった、健康を保つ日々の積み重ねを大切にしようと心がけています。

仕事に大切なのは「何かをつくり出すことである」という考え方があります。想像ではなく創造、イマジネーションよりクリエーションを追求すべきだというものです。その意見の延長として、「刺激的な体験を多くすると、新たな発想が生まれて創造的になれるのではないか」という議論が出ます。

僕の意見は異なります。変化にとんだ生活をすれば創造的になれるとは思いませんし、そもそも一足飛びに何かを創造するなど、あり得ない気がします。

とことん想像することで初めて、創造ができる。イマジネーションの果てにクリエ

ーションがある。

僕はこう思っており、創造とは思考実験することだと解釈しています。思考実験とは、ひとつや二つではなく、三つも四つも五つも、あらん限りの試みを想像することです。

つまり、創造を支えているのは想像だということ。想像というプロセスを飛ばして創造のプロセスに一直線に行く方法もないし、そんなものは創造ではないと思います。創造とはあくまで結果です。想像を無数に積み重ね、正しい仕事をした結果として創造物が生まれるのではないでしょうか。

想像力は直感力にもつながっています。直感が働かないと想像の引き金にもなりません。直感を働かせるには、規則正しい生活が大切です。心身ともに健康でないと、直感も想像力も働きません。

「多少無理をしても、仕事にはさしつかえない」という人は、仕事には種類があるということを忘れてはいないでしょうか。くたびれていても力仕事はできますが、想像することはできません。

自分のコンディションが良くないと、最良の仕事はできない。世の中で成功している人たちはみな、ちゃんとそうわかっているようです。僕は優れた人に出会うと「仕事で一番大切なことはなんですか?」と聞いてみるのですが、決まって「健康管理です」という答えが返ってきます。

その人が規則正しい生活を送っているかを知るには、「夜、何時に寝ていますか」と聞くのが一番わかりやすいでしょう。逆に言うと、自分が毎晩、何時に寝ているかが、良き生活習慣を持っているかどうかの目安になります。生活態度は一番の信用です。真面目な人はたくさんいますが、生活態度がいい人はごく少ないものです。

もし、創造性を高めたい、そのために想像力を身につけたいと思うのであれば、生活態度を改めることから始めましょう。早寝早起をし、十分な睡眠をとり、決まった時間に食事をする。体にいいものを食べ、自分の心と体を休息させる方法を知る。

こうしたベーシックをきっちりと管理して初めて、「想像力」や「創造力」の話ができるようになります。

若い頃は無理がきくので、みんな多少の無理をしても「大丈夫だ」とたかをくくっているでしょう。一晩徹夜をしても、ある日は深酒をしても、時にはお菓子だけで食事をすませる生活をしていても、仕事はできると過信しています。確かに仕事はできますが、先ほど述べたように、力仕事しかできません。力仕事というのはあくまで比喩的なもので、仕事のレベルが違うということです。

それがよくわかるのは、僕自身がたかをくくっていて、三〇代半ばで行き詰まった経験があるためです。二〇代から三〇代半ばくらいまでは、若さと勢いでなんとかなります。さらに若さゆえの感性の鋭さやセンスの良さで、実力以上のことができてしまいます。そうして自信をつけると迷わず行動できるので、仕事もうまくいきます。

しかし、自分のセンスだけで仕事ができるのは、せいぜい三五歳くらいまでだと僕は実感しています。自己過信で突っ走ってきて、どうしても越えられない壁に突き当たったとき、僕のように誰もがもがくことでしょう。いろいろなセミナーに行ったり、ビジネス書をたくさん読んだりする人がいるかもしれません。

　そうしたやり方もあるのかもしれませんが、僕の場合は、自分のまわりにいる「すごいな」と思う人を見て、いろいろ考え抜いたすえ、人一倍健康に、人一倍正しい生活をするところから始めるべきだと気がつきました。

　この原稿を書いている今、僕は四六歳ですが、年をとればとるほど体調が良くなっています。だから新しいことに挑戦できるし、挑戦しても疲れることがありません。これから体は衰えるかもしれないけど、心は初々しく保つことができます。想像力も高めていけると感じています。

□考え方のポイント

イマジネーションの果てにクリエーションがある。

目の前のことにしっかり向き合う

全方位、あらゆることに想像力を働かせるのが良い。

僕はこう考えているわけですが、例外もあります。それは、将来の夢について。「こういう仕事がしたい」あるいは「こういう仕事で成果を出したい」といった夢についての想像です。

文筆業、古書店の経営、雑誌編集長。僕のやっている仕事はどれも、「こういうことがしたい」と夢見てたどり着いたものではありません。「カウブックスはこれまでになかった本屋さんですね」と言われることもありますが、その形態は、やろうと計画してできたことではありません。人との出会いによって生じる「計算できない変数」みたいな出来事が積み重なり、「化学反応」に近い状況で生まれました。

物書きであることも雑誌の編集長であることも、自分が「こうなりたい」と想像し、

「こうなろう」と決意してやったことではありません。あらためて振り返ってみれば、すべては予測がつかない化学反応でした。

こんなことを書くと夢を壊すと言われるかもしれませんが、「なりたい自分」を想像し、きちんと計画してコツコツやっていくより、今、目の前にあることをしっかりと務めて、流れに身を任せたほうがうまくいくと僕は思っています。ビジョンを持ち、計画どおりに努力するのもひとつの方法ですが、ぱっとしない結果に終わる気がします。なぜなら、自分が想像した以上のことができなくなってしまうためです。

「今、自分が社会のためにできることはなんだろう？」
「今、自分のできることで、人に喜んでもらえることはなんだろう？」

この二つの質問を、起きることすべてに投げかける。出合ったこと、出会った人すべてに対して想像してみる。今、自分の目の前のことにできる限りの力を尽くす。そうすると出会いから化学反応が起きます。その連鎖によって、未来は広がっていきます。

僕にしても、これから先のことはわかりません。日々きちんと生活をし、自分の原理原則を守りながら、目の前のいろいろな仕事を精一杯やっていった結果として、三年後は焼き肉屋で働いているかもしれないし、ニューヨークで銀行をやっているかもしれない。それは誰にもわからないことだし、僕にとってもわからないことです。

僕はまだ途上の人間なので、これが絶対的なことかどうかはわかりません。ただ不思議なことに、成功している人はみな、僕と似たようなことを言います。

「私はこの仕事をしたくて夢に描いてきたわけじゃないけれど、気がついたら社会に役割を与えられてこうなっていた」と。

「こうなりたい、ああなりたい」と考え、「どうなるんだろう、この先は大丈夫なのか」と想像することは、厳しい言い方をすれば愚かなことです。少なくとも、考えても意味がないことだと思います。

そのぶんの想像力は、今日一日、今この瞬間に、ありったけ向けることです。そうしてこそ単調で規則正しい平凡な毎日が、夢のような世界につながるのではないでしょうか。

「では、松浦さんには夢がなかったんですね」と言われることがありますが、昔から変わらず持っている夢がちゃんとあります。考える暇もなく即答できる僕の夢は、親孝行。できそうでできなくて、小さい頃からずっと抱き続けている夢です。

長年抱いている夢が仕事の範疇にとどまらないことだからこそ、仕事をしながら夢を叶えられるし、仕事のその先を考えることもできると思っています。

たとえば「明日から花屋をやる」という状況が巡ってきたら、僕は迷わず「社会に与えられた役割だ」と思って引き受けます。花屋という目の前の仕事に想像力を働かせ、花屋の仕事を通して人を幸せにすることを考え、できることから順番に実行に移していきます。その営みを通じて親孝行もできると思っていますし、親孝行という夢と花屋という仕事は、決して矛盾しないと感じます。花屋が本屋でも雑誌の編集でも文筆業でも、同じことです。

会社組織では「社長にするべき人は、社長になりたいと思わない人」という鉄則があるそうです。社長になりたいと強く思っている人は、「社長になったら自分はこうしたい」という我欲があまりにも多すぎるから、会社のためになることができないということです。会社のためになることもできない人が、仕事を通して人を喜ばせることができる道理がありません。ましてや、社会のためになる仕事をするなど不可能でしょう。

さらに、「社長になるのが夢だ」という人は、社長になったことがゴールなので、そこから先がありません。社長の仕事を通じてさらなる成長ができないし、社長として求められる役割を果たすこともできないのです。

社長に限らず「絶対に、カフェをやるのが私の夢なんです」という人も同じでしょう。カフェという仕事を通して、自分が果たす役割とは何か。そこまで考えると、仕事とは関係ない夢がきっと見えてきます。カフェという仕事は、もしかしたら夢でもなんでもないと気がつくかもしれません。

今の仕事が不満であっても、「もし、こんな仕事であればもっと頑張れるのに」とあれこれ想像することは、余計に夢から遠ざかる行為だと僕は思います。それよりも、今、自分が与えられている仕事の中で、人に喜んでもらえることに集中する。夢の仕事にこだわるのはやめて、「今日は何をして人を喜ばせようか？」と想像することに注力する。同時に、自分を必要としてくれるところから声がかかったら、どこへでも行くという身軽さも持つ。

こうした姿勢が化学反応につながるのではないでしょうか。

このくらいリラックスし、夢に対してゆったりと構えれば、人と自分を比べてあせることもなくなります。仕事も人生も、誰かと競争しながらトラックを走り続けることではなく、自分だけの道を自分のペースで歩くことなのですから。

□考え方のポイント

目の前のことにしっかり向き合い、流れに身を任せてみる。

第三章

コミュニケーション術

群れの中で群れにのみ込まれない泳ぎ方とは

コミュニケーションの基本①

いつも幸せな自分であることを考える

コミュニケーションについて、僕たちはたくさんのことを知っています。ありとあらゆる「良きコミュニケーションのための本」があり、いろいろな人が「〇〇をすれば人と仲良くなれる」といったやり方を教えてくれます。

さらには電話のかけ方、挨拶の仕方など、職場ごとのコミュニケーションのルールもあるでしょう。つまりたいていの人は、コミュニケーションとは具体的にどうすべきか、テクニックを幾つも知っているということです。

それでもコミュニケーションに悩む人が多いのは、たくさんの知識がありながら、ごく基本的なことが抜けているためのように思えてなりません。

僕が思うコミュニケーションの基本とは、いつも幸せな自分でいること。これこそ人とコミュニケーションをとる前提だと思います。

笑顔にはたくさんの人が集まってきます。そして、笑顔になる一番の秘訣は、自分が幸せでいることです。人々は笑顔だけでなく、その奥にある幸せに惹かれるのでしょう。

「この人に会うと、幸せな気分になる」
「この人といるといつも嬉しくなるし、楽しい」
「この人と一緒に、面白いことやわくわくすることができそうだ」

笑顔を通して伝わる幸せの力で、「この人に会いたい、ずっと話していたい」と相手に思ってもらえれば、コミュニケーションは自然にうまくいきます。幸せな人のところに集まってきた人も幸せになる。この繰り返しで幸せが増幅され、大きく育っていきます。

不思議なことに、幸せな人のところには幸せな人が集まります。同じように、文句や愚痴ばかり言う暗い人のところには、暗い人が集まります。ネガティブな感情を持つ人が何人も集まるとネガティブなものが増幅され、一人でいるときはグレーだった気持ちが、みるみるうちに真っ黒な雲に膨れ上がるような恐ろしさがあります。

幸せでも不幸でも、同じ気分の者同士が集まり、その気分は増幅されていく。それならなおのこと、まず自分が幸せな人でいようではありませんか。

あなたが良きコミュニケーションを願うなら、第一には自分を顧みて、「いつも幸せな自分でいるだろうか?」と問うてみましょう。第二には自分の人間関係を顧みて、「自分の嬉しさ、喜び、幸せは、人と会うことで増幅されているか?」と考えてみましょう。プライベートでも仕事上でも、これは重要な問いかけだと思います。

いつも幸せな自分でいるとは、たやすいことではありません。すべてが楽しいことばかりではないし、世の中には恵まれている人もそうでない人もいるのは真実です。

「いつも幸せでいるなんて無理」

こう言ってあきらめてしまう人がいるのも、わからなくはありません。

しかし、憂鬱な気分を露《あらわ》にして仕事をしたり、ストレスをそのまま言葉にしたりでは、まわりにいい印象を与えないのは明らかです。「大変なんだな」と同情してもらえると思ったら大間違い。幸せな人は、あなたの発するネガティブなグレーの雲を察知し、近づいてこなくなるでしょう。近寄ってくるとしたら、同じグレーの雲をまとい、一緒になって真っ黒い暗雲をつくり出す人だけ。そうするとますます幸せは遠ざかります。

大人として日々を過ごしていれば、悲しいこともあるし、つらいこともある。それを承知のうえでコミュニケーションのルールとして、自分の感情をコントロールする術を学びましょう。この術を身につけないと何事も成功しません。幸せな気分は分かち合うべきですが、失望、憂鬱、悲しみ、嫉妬といったネガティブな感情は、自分一人で引き受ける。人を巻き込まず、きちんと、こっそり、素早く処理することです。

これは「自分の感情を押し殺す」という話ではなく、節度ある大人としてのマナー。朝、顔を洗って人に会うのと同じ、基本的な身だしなみです。さらには、自分のちょっとしたグレーな気分を、同じようなグレーの人たちとかかわることで、取り返しのつかない真っ黒い気分に育ててしまわないための自己防衛策です。

感情を露にして許されるのは、泣くのが仕事の赤ちゃんだけ。大人が自分のありのままの感情をさらけ出さないのは、ある種当然のことだとわきまえましょう。

自分の感情をコントロールする最良の策は「いつも幸せな自分だと考える」ことです。「いつも幸せな自分でいる」ことは難しいけれど、「いつも幸せな自分だと考える」ことは誰にでもできます。

何を楽しいと感じるか、それは自分の心で決められます。何を幸せだと捉えるか、それは自分の心で決められます。恵まれているかいないかも、受け取り方ひとつでがらりと変わります。

自分が今、どんな状況であっても感謝すること。きれいごとではなく、幸せになる大切な方法として、感謝を忘れないことです。不安、恐れ、悩み、苦労といった荷物をいっさい持たずにすむ人生はありませんが、その荷物を「ただの重荷」と捉えられる人と、「自分に与えられた試練だ」と感謝しながら抱えていける人がいます。

「今、自分は学んでいる」

重たい荷物を抱えながら感謝を忘れず、「自分は満たされている」と捉えられる強さ。その力を身につけたとき、きっといつも幸せな人になれる。そう信じて、僕は「いつも幸せだと考えよう」と自分に言い聞かせている気がします。

このようにして幸せが増幅するだけですめばいいのですが、いいことばかりが続くと、どうしたわけか自分の中に負の感情も増えてきます。

「このままで大丈夫だろうか」

「今はうまくいっているけれど、どこかで失敗するのではないか」

何もかもうまくいっているときほど、恐れや不安におそわれるということです。

こうした悩みを人に打ち明ければ、ねたまれないし、時には共感を呼ぶでしょう。

「なあんだ、この人も全部うまくいってるんじゃないんだ」と。

しかし、本当に成功したいなら、不安や恐れで人の共感を呼ぶなど、ゆめゆめしてはならないことです。

「この人は幸せを運んでくれる人」

「一緒に仕事をすれば必ず成功する人」

いくら内心は不安でも、みんなにはこう思われ続けること。

コミュニケーションの鉄則はここにありますし、最良のビジネス戦略でもあります。

自分の弱みをさらけ出し、弱さをコミュニケーションのツールにしたとたん、流れは変わってしまいます。負の要素を抱えた人が集まってくるようになります。

いつの日か「幸せを運んでくる人」になるのが僕の理想です。いつも人に与える人になること。ギブ&テイクではなく、ギブだけを続ける人になること。

その域にはなかなか届きませんが、そのためにも、何があろうと「自分は幸せだ」と考えるように努めています。

□考え方のポイント

「いつも幸せな自分だと考える」ことで感情をコントロールする。

コミュニケーションの基本②

自分のメッセージを持つ

コミュニケーションの基本として、自分らしい理念を人に伝えていくことも大切です。僕だったら「正直・親切・笑顔」という自分の理念があり、これをメッセージとして人に伝えていきたいと思っています。

すべてのコミュニケーションは、人に何かを与え続ける行為です。みんなが正直・親切・笑顔になれるよう、実用的かつ具体的なメッセージを発することも、僕にできる「与える行為」のひとつ。自分の理念について本を書くことも、メッセージのひとつの形です。

僕はメッセージを発すると同時に受け取っており、それは世界中の誰もが同じです。

「素直になる」

「欠点でなくいいところを見つける」

こういった、誰もが持つ自分なりの理念や良きベーシックを、お互いのメッセージとしてシェアできればいいなと思うのです。

メッセージには、「相手のためのメッセージ」というものもあります。

ウィークデーは毎日顔を合わせるという点で、職場の人たちとは、家族と同じくらいの頻度でコミュニケーションをとる相手です。僕はそうした人たちに対して、自分が嬉しく思ったこと、自分が発見したこと、自分が気づいたことを、メッセージとして届けたい。相手が喜んでくれることを手渡したい、相手のためのメッセージを用意したいと、いつも思っています。

「こんなことがあるんだ。仕事仲間のあの人に教えてあげよう」

「こういう考え方もあるな。これは家族とシェアしよう」

日々、相手のためのメッセージをコツコツ集め続けていくことも、大切なコミュニケーションだと感じています。

「この人のため」という個別のメッセージはありますが、どんな人にもいつも同じ態度で接するというのも、とても大事な姿勢です。

雑誌の編集長という仕事柄もあり、僕が日々やりとりする方々の中には、偉い人も有名な人もいます。当然ながら敬意を払い、礼儀正しく接しますが、それは彼らが偉い人や有名な人だからではありません。

部下にも仕事仲間にも、すべての取引先にも同じ態度。

友達にも家族にも同じ態度。

毎日会社に掃除に来てくれる人、コンビニエンスストアのレジ係の人、タクシーの運転手さん、ランチのとき接客してくれる人、すべての人に同じ態度で接するのが、コミュニケーションにおいて大切なことだと思っています。

「尊敬できない人だが、仕事上の利害関係がある」というケースは少なくありません。端的に言うと、「いやみな人だけれど直属の上司」「無愛想だけれど大事な顧客」といった関係です。「相手に良く思われたらメリットがある」という理由で、内心では舌を出しているのに、頭を下げたりへつらったりする人もいるかもしれません。

これは珍しくはない話ですが、「断固として良くない」というのが僕の考え。どんなコミュニケーションをとっているかは、自分と相手だけのことではなく、常にまわりから見られていると知っておきましょう。あなたが媚びたりへつらったりしている様子は、必ずまわりの誰かが見ています。その人はあなたを「尊敬できない人」に分類するでしょう。なんのことはない、自分が嫌だなと思う人と、同じ部類と見なされてしまう。これほど悲しいことはありません。

すべての人を同じように尊敬しろというわけではありません。僕が言いたいのは、「嫌だな」と思う人がいたとしても、それを表明する必要はないということです。

尊敬できなくても、嫌いでも、礼儀正しく、みんなに対するのと同じ態度をとる。

利害関係があってもなくても、礼儀正しく、みんなに対するのと同じ態度をとる。いまだに派閥といったものが存在する会社も少なくないと聞きますが、そうであればなおのこと、誰にも変わらない、同じような態度で接することが、ビジネスの成功につながっていくと感じます。

同じ態度の継続こそ、自分の理念というメッセージを伝え続けることでもあります。

□考え方のポイント

どんな人にも、いつも礼儀正しく、同じ態度で接する。

コミュニケーションの基本③

反射神経を鍛える

コミュニケーションの基本の三つ目は、ごく当たり前なのに忘れがちなことなので、是非憶えておきましょう。それは、反射神経を鍛えること。相手に素早く反応する癖を体にしみ込ませておくということです。

何か頼まれたときの最初の返事が間延びしていたら、その先のコミュニケーションもゆるんだものになってしまいます。

たとえばメールやファクスの返事はできる限り素早くする。もちろん、いつもメールが見られる状態かどうかで違ってきますが、いったん見たメールには、すぐに返事をするよう心がけたいものです。

僕がメールを見る時間というのは決まっていますが、その時間帯に来たものに関しては、相手が送信ボタンを押したと思ったら返信が来た、というくらい素早くしようと決めています。「松浦さんって、暇なのかな」と思われるくらいがちょうどいい。
これは相手を待たせずに次のリアクションに進ませてあげるという「与える行為」であり、早ければその場で仕事が終わるという「自分のメリット」でもあります。

すぐ反応する反射神経を鍛えるには、日々の訓練が一番です。何かを受け取ったら、すぐに「受け取りました」と連絡する。上司に何か指示されたら、すぐに反応し、「いつできるか」を明確に伝える。
こうした反射神経を鍛えると、どんどん素早い反応ができるようになります。慣れてきたら「親切というおまけ」をつけた反応を目指すと、コミュニケーションの質が変わります。

さまざまなテクニック以前の問題として、コミュニケーションの三つの基本をおさえたいと僕は思っています。

□考え方のポイント

相手に素早く反応する瞬発力を体にしみ込ませておく。

「反論しない」というセオリーを持つ

身だしなみは大切な礼儀です。表面的なことだと思う人もいるかもしれませんが、表面だからこそ多くの人に触れるわけで、おざなりにすることはできません。

その意味で、身だしなみ同様に大切なのが言葉遣いと態度。言葉遣いはできるだけやわらかくするべきだし、態度はやさしくするべきです。同じことを話すにしても、やさしく言うのと冷たく言うのとでは、相手の受け止め方はまるで違います。

時折、刃物のような鋭い言葉遣いをする人がいます。なるほど、頭が切れるのでしょうし、正論を言っていることも少なからずあります。それでも人の心を突き刺すような言葉遣いは、コミュニケーションとしては失格だと僕は思います。

すぱっすぱっとまわりの人を斬り続けて、何が残るというのでしょう？　仕事はディベート大会ではないのですから、議論に勝つ必要など、どこにもないと感じます。

コミュニケーションに関して僕が常々思うのは、「人の欠点はいっさい気にしないほうがいい」ということ。

「この人のこういうところがだめだな」

仕事でもプライベートでもつき合っていく中で、相手の嫌なところが目についたり鼻についたりすることがあります。しかし欠点というのは絶対に直らないし、絶対に変えられないものです。僕は「いっそ達観したほうがいい」とすら思っています。

「仕事なのだから、はっきり注意して欠点を直してあげるべきだ」という意見があるかもしれませんが、その欠点が性格に起因するものであれば、難しいでしょう。

もし、あなたの職場に欠点が気になってたまらない人がいたら、いいところにだけ注目するよう努めることです。どうしても一緒にやっていかなければならないのに、直らない欠点にこだわっていたら、肝心の仕事が進みません。

どんな人にも欠点はありますが、どんな人にもいいところが必ずあります。相手のいいところを見つけ、認め、口に出してほめ、伸ばしてあげる。それを繰り返しているうちに、欠点は自然と隠れていきます。

これは人とのコミュニケーション全般に言えることですが、自分自身に対しても同じことが当てはまります。欠点をあげつらわず、いいところを見つけ、認め、口に出してほめ、伸ばす。これこそ、成長していく道ではないかと感じます。

相手の欠点が目につくというのは、いわゆる「そりが合わない」という可能性もあります。そうした人とは何かと意見が対立し、ぶつかることもあるでしょう。そうでなくとも仕事上では、見解の相違がたくさんあります。あなたがAという意見を言えば、必ず反論する人がいます。

そんなときは、決して反論しないこと。「ちょっと違う」と思っても、飲み込んでしまうこと。反論に反論しても、何ひとつ生まれることはありません。Aという意見に対していろいろな方向から検証するようなディスカッションなら話は違いますが、Aという意見に対してBという真逆の意見をぶつけるのが反論です。AかBかという話になれば、最後はどちらかが力でねじ伏せて結論を出すことになります。もし自分がねじ伏せる側であれば勝った気分になりますが、そこに成功の種はないと僕は感じます。

もしも意見を言うのであれば、徹底的に自分の感情をコントロールすることです。むきになったり、言い負かしてやろうという戦闘態勢になってしまったら、なんのために話し合っているか、目的がぶれていきます。

コミュニケーションでは「人に花を持たせる」という意識が常に大切だと僕は思っており、特に対立しがちな人こそ、花を持たせ、喜ばせてあげるといいでしょう。

あらゆる努力をしても、どうしても苦手な人もいます。こちらは友好的であろうとしているのに、差し伸べた手を無視するような人も存在します。社内や同じ部署にいるそういう人と円滑なコミュニケーションをとるには、挨拶が一番です。

最初は挨拶をしても、返ってこないかもしれません。無視される、こちらは声に出して「おはようございます」と言っているのに相手は顎をしゃくる程度ということもあるでしょう。それでもくじけずに、ていねいに挨拶を続けましょう。

あなたの挨拶を無視するような人は、みんなに対して同じような態度をとっています。そもそも人づき合いが苦手な彼らは、だんだん挨拶されることが減っているはずです。その中で、あなただけがていねいな挨拶を続ければ、関係は変わります。仲良くはなれなくても、仲が悪くなりはしないし、何かあったときに力になってくれるのはこういう人です。

苦手な人と無理につき合うのは難しいけど、挨拶はできる。そう思って笑顔で挨拶を続けるのもコミュニケーションのひとつです。

□考え方のポイント

コミュニケーションにおいては「顔を立てる」「花を持たせる」ことが大切。

求められない意見は言わない

ソーシャルメディアが発達した今は、「つながりそのものに支配され、同じ意見を求める」という風潮が強くなっていると言われます。

「誰かが『○○がいい』と言えば、みんなそろって『○○がいい！』と言わなければだめだというプレッシャーを感じます」という声も、時折耳にします。

みんなが同じ意見を言うなど不自然だと感じる人が多い中、僕が提案する「反論はしない」という姿勢は、あまりにも人におもねる態度に見えるかもしれません。

誤解なきように書いておきますが、僕は独自の意見を持つことは大切だと思っていますし、みんなと同じ意見である必要はまったくないと考えています。

ただし、コミュニケーションとなると話は別です。自分の意見は意見として持っていますが、人づき合いのセオリーとして「みんながいいと言っていることに反対をしない」と決めています。

人の話を聞いていて、「それは違うんじゃないかな」と思うことがあっても、声に出さない。みんなに人気のものが自分にはさっぱり理解できなくても、物申すことはしない。単純に、自分だけの基準で反論したり断りつけたりしないということです。

なぜなら、みんながいいと言っていることには、それなりの理由があります。なんらかの正しさが存在しています。それが自分の感覚と違うだけの話です。

ものでも事柄でもビジネスツールでも、みんなが惹かれるという「良さ」がまったくわからないとき、僕は「わからない理由は、自分の知識不足、理解不足、情報不足にある」と思います。だから黙って考えてみる。体験してみる。じっくりと勉強することもあります。

そのうえでやはり「僕は違うな」という結論に達しても、「やっぱり良くないよ」と意見を表明したりはせず、黙っていようと決めています。

自分の意見を述べる際は、守るべき作法があります。「相手への尊敬の念を込める」という作法です。

どんな意見がためになるかは、場合によって異なります。自分の意見に賛成してもらう心強さがためになることもあれば、異なる意見を聞いて学ぶことがためになる場合もあるでしょう。いずれにしろ、相手の側に「意見が聞きたい」という用意がないと、どんな意見もためになりはしないのです。

だから、僕は決めています。求められていない意見はしないと。ソーシャルメディアであってもリアルであっても、求められていないのに意見をしても無意味だと思っています。

さらに言うと、自分の意見というのは、丹念な思考を重ね、経験という情報を集め、苦労したあげく、ようやく手にしたものです。それを誰も求めていないし役にも立たないとわかっていながら披露するのは、「もったいない」とも感じています。

ときどき、何かにつけてみんなと逆の意見を言う人も見かけます。たとえば、デジタルカメラが主流になれば「フィルムカメラがいい」と言ってみたり、あれやこれやと天邪鬼《あまのじゃく》な反論を重ねます。

こうした人が特段ユニークな感性の持ち主かといえばそうでもなく、逆の意見を言うことで自分の存在をアピールしているケースも少なくありません。そんな形の自己主張をしたところで、無駄ではないでしょうか。単純に目立ちたいのか、何にでも反論する人の真意はわかりませんが、少なくとも相手に対する思いやりや想像力には欠けています。

人に対して物申す、何かに対して自分の意見を述べるというのは、自分の感情を押しつけることにもつながりかねません。

何もあせることはない。自分の意見を言うのは、人から求められたときだけ――いっそ、こう限定してもいいくらいだと僕は思っています。求められていないのに、無用の意見はしない。こう決めると、コミュニケーションがすっきりします。

□考え方のポイント

感情的に反論したり斬りつけたりしない。

お願いごとの心得

すべての仕事にはお願いごとがついて回ります。

一人でできる仕事がない以上、依頼する、お願いするといった「お願いごと」が生じます。

良きコミュニケーションをとるには、お願いごとの作法も心得ておかなければなりません。とても難しいけれど大切なことです。

お願いごとの作法その一は、相手が今どういう状況で、どんなことを考えているのか、ありったけの想像力を働かせてタイミングを計ること。

人には気分がいいときもあれば、悪いときもあります。ゆったりしているときも、忙しくて余裕がないときもあります。気分がいいとき、ゆったりしているときというのは、いろいろなことを人と分かち合いたいと思っているとき。比較的、お願いごとが受け入れられやすいタイミングと言えます。


お願いごとの作法その二は、「ギフト」を忘れないこと。

お願いごとというのは多くの場合、相手から何かをいただくことです。力を貸していただく、知恵を貸していただく、何かを与えてくださいというお願いです。これはお互いわかっていることですが、いただくばかりではいけません。

「このお願いごとを引き受けたら、かわりに何が得られるのか」ということを相手にわかりやすく伝える。これが「お願いごとのギフト」です。お菓子や品物ではなく、相手にとってのメリット（得）をはっきりさせることです。「手ぶらで人に頼まない」よう、僕はいつも心がけています。

仕事は当然として、どんな関係性であってもお願いごとは取引です。取引というと利害関係だけの嫌なものに響くかもしれませんが、たとえ家族でも友人関係でも、お願いするからには相手にもいいことを差し出すのが思いやりではないでしょうか。

ましてや仕事であれば、取引の最低限の作法として、「Aをお願いするために自分はBをあなたに差し上げます」と表明することは大切です。さもなくば、相手は気持ちよく引き受けてくれないでしょう。

お願いごとの作法その三は、入念な準備。お願いごとのすべてはここに尽きると言っても過言ではありません。

「何かお願いしても、うまくいかない」

こう言う人はたくさんいますが、あまりにも準備不足の状態で物事を頼むから、断られるのではないでしょうか。

人間は気持ちの生き物です。相手が「自分を必要としてくれる」「自分の価値を理解してくれている」と感じて、嬉しくないはずがありません。感動で人は動くと僕は思っています。

だからこそ、お願いごとをするには「あなたが必要です」ときちんと伝わるように、徹底的に相手を知っておかねばなりません。「あなたの価値は、ここにある」

と、本人すら知らなかったいいところを見つけ、正しく評価し、伸ばせるほどに理解しておかなければなりません。

それには、入念な準備が必要です。相手について勉強し、考え、思いを巡らせる。そのうえでお願いしなければ、聞いてもらえるはずもありません。

逆に言うと、入念な準備をすれば、すべてのお願いごとは引き受けていただけます。いささか極端な言い方をすれば、僕は「断られないお願いごとしかしない」という状態を目指しています。

「負けると思う喧嘩はしない」という人と一緒で、「断られそうだな」と思ったら頼まない。だから断られないタイミングを計るし、断られないギフトを用意するし、断られない準備をしています。

三つの作法を知ったうえで一番大切なことは、相手が断りやすいようにしておくことです。どんなにこちらがベストを尽くしたところで、仕方がなく断らざるを得ないことは誰にでもあります。そして断るというのは、誰にとってもストレスです。

こちらがしたお願いごとで、相手にストレスを与えるなどもってのほか。できるだけ回避してあげるのは大切なことです。

三つの作法を守りながら、断りやすい隙と、相手の逃げ道も用意しておく。こう考えると、お願いごととは気安くできないものだとわかるでしょう。

□考え方のポイント
「お願いごと」をするときは、相手を思いやり、断りやすい状況もつくっておく。

バランスをとること

人は弱いものだから、どうしても人と自分を比べてしまいます。自分より優れている人。自分より多くを持っている人。こうした人に出会うと、うらやむこともあれば嫉妬することもあります。

良きコミュニケーションをとるために一番してはいけないことは、人をねたみ、うらやむことです。

人の成功を自分の成功のように一緒に喜べる自分でいること。その状態に心をコントロールすること。これはとても大切でとても難しいことだから、時折、うらやましくなりそうな自分に気づいては、「いけない、いけない」と自分を諫めています。

ネガティブなところからは何も生まれません。嫉妬は一種のエネルギーとなりますが、それが成功するためのエネルギーかと言えば大間違いです。

うらやみやねたみから出たエネルギーは、自分を滅ぼすマイナスのエネルギー。墓穴を掘ることにつながります。「嫉妬は成功の敵」と憶えておきたいものです。

ところで、どれだけ自分が嫉妬をしないように注意を払っても、人から嫉妬される場合もあるのが人間関係の厄介な点です。嫉妬が原因で、せっかくうまくいっているのに足元をすくわれるようなことも起きます。

嫉妬はしてもされても害となるものですから、遠ざけるに越したことはありません。嫉妬されたことに対して「この人はひがんでいるのかな。嫌なことを言うな」などといちいち反応するのはもってのほかです。

嫉妬を遠ざける王道は、どんな人にも感謝すること。できるだけ嫉妬されないように、自分がうまくいっているときほど、みんなに与えていくことが大切です。

残念ながら、それでもすべての嫉妬を回避できないと知ったとき、僕が心がけるようになったコミュニケーションの秘訣があります。成功と継続の秘訣とも言えるそれは、「八勝七敗を目指す」というものです。

全勝というのは非常に危険です。全勝するには自分のすべてを仕事に費やす覚悟がいりますし、時間も集中力も必要です。おのずと無理をするので、心も体もボロボロになります。さらに、いつも勝ち逃げをしていれば、人との関係は壊れていきます。全勝を目指すと、仕事と引き換えに、たくさんのものを失うことになるでしょう。

この世界にはバランスがあります。一〇のプラスを手にしたら一〇のマイナスが生じる、この世のすべてにはこうした法則があると僕は思っています。

全勝すると、たくさんのプラスが生じますが、たくさんのマイナスも生じます。一〇個のプラスが生じて一〇個のマイナスが生じるなら、ひとつひとつに対応していけばすみます。マイナスといってもひとつひとつをよく見れば、ちょっとしたトラブル、数日で快復する体調不良といった解決可能なものばかりだからです。

ところが、全勝のような大きな勝利をすると、とても大きな「プラスのかたまり」を手にすることになります。それは一人では抱えきれないほど大きかったりしますが、嬉しいことなので、僕らはみな両手をいっぱいに広げてなんとか抱えます。しかし、それと引き換えにやってくるのは、とても大きな「マイナスのかたまり」。どんなに頑張ったところで、僕らは抱えきれません。それどころか押しつぶされてしまいます。

「プラスの大きなかたまり」を手にできそうなほど、すべてがうまくいっている。そうしたチャンスは誰にでも訪れます。ここで油断せず、自分から転んで、小さなマイナスをつくっておく。すると「プラスのかたまり」は小さくなりますが、「マイナスのかたまり」につぶされる事態は回避できます。大きく勝たず、長く勝ち越しを続ける状態に持っていくということです。

「八勝七敗の勝ち越し」は、もともと相撲の世界で言われる考え方ですが、仕事のように継続が大切なことはやはり「八勝七敗の勝ち越し」が理想ではないでしょうか。

八勝七敗を目指すなら、大ケガをしないように小さなケガをしておくことも大切だと言います。つまり、時にはあえて負けたり、相手に勝ちを譲ったりすることも必要なのです。こうすれば嫉妬されることもなく、されたとしても最小限ですみます。

「絶好調だ、勝ちが続いている、大成功間違いなしだ！」

こう感じるときは、あえて自分から小さく転んでおきましょう。勝利を人に譲る、ちょっとした挑戦をし、失敗を味わっておく。もっと簡単なのは、一週間でも一〇日でも、休暇をとって仕事を休むこと。積極的に発言せず、しばらく静かにしているのも転ぶうちです。

自分で自分のバランス調整ができれば、無用な嫉妬に煩わされず、八勝七敗の勝ち越し状態で、いい仕事を長く続けていけます。

□考え方のポイント

成功と継続の秘訣は「八勝七敗を目指す」ことにある。

本当に信頼できる「十人」を得る

仕事には運が必要です。「運も実力のうち」というのは真実です。いかに自分の運を上げていくか、それは仕事をしていくうえで、忘れてはならないことだと思います。

「運なんて、自分ではどうすることもできない」という考えもあるし、「運を上げるために頼れるのはせいぜい占いだけだ」という意見も少なくありません。

しかしなんと言われようと、「運は自分で築いていくものだ」と僕は思っており、人とのつき合い方が運勢を良くする鍵だと信じています。

これまでの人生で、嬉しいこと、すごくラッキーだと思うことはいくつかありましたが、すべて人とのご縁で生まれました。これは僕に限った話ではないでしょう。

チャンスは必ず、誰かが持ってきてくれるもの。天から降ってくるものでもなく、どこかで拾うものでもなく、必ずそれを運んできてくれる人がいます。

運を運んでくれる人と出会えるかどうかは、自分がどれだけ人に与えられるかに比例しています。人に与えることをどれだけ大切に思うかにかかっています。「与えること」には思いやりや尽力、仕事のサポートだけでなく、「ありがとう」という言葉も普段の接し方も含まれます。

だから僕は自分の理念である「正直・親切・笑顔」を大切にしているし、自分がするすべてのことに、「親切というおまけをつけよう」と心がけています。こう考えると、コミュニケーションがどれほど大切なものかあらためてわかってくる気がします。


「運を運んできてくれる人と、どうすれば出会えるか？」

誰かにこう尋ねられたなら、僕は「人脈を築く努力をすべきだ」と答えます。自分が一生つき合える人たち、自分が会社という組織から離れてもつながっていける人たち。こういう人たちとのネットワークを育てていくことが大切だと話します。

するとたいていの人は、ちょっとがっかりした顔をします。「人脈が大切なことくらいわかっているし、いろいろ努力をしている。当たり前の答えじゃないか」と思うのでしょう。

しかし僕が言う人脈は、多くの人が言う人脈と異なります。僕がしている人脈を築く努力は、いろいろな本で紹介されている「人脈を築くテクニック」とは少し違っています。

人脈とは、数ではなく信頼関係だというのが僕の考え方。「自分の人脈」をイメージしたとき、名刺の数ではなく何人の顔が思い浮かぶかが大切だということです。

「この人とは一生つき合える」と感じられる相手。

「この人は一生信用できる」とお互いに思える相手。

仕事を超えたそうしたつき合いができる人が、僕にとっての人脈です。

「知り合いが多い＝人脈豊富」という解釈もありますし、「多くの人とつき合う＝人脈を築く良い手段」というのも一般的かもしれませんが、僕の場合、いずれも異なります。人脈としては、一生つき合える相手が一〇人いれば十分です。

人脈とつながりは違います。いくら親しくつながっていても、友達関係は人脈とはまた別のものです。毎週のように会い、いつも一緒にお酒を飲む関係を、僕は人脈とは思いません。

たとえば素晴らしいアイデアがあり、新しいビジネスを立ち上げたいのに、どうしても資金が足りないとします。そのとき黙ってお金を出してくれるのは、友達ではありません。あなたという人間を信頼してくれる人たちです。

親しさと信頼は異なります。「人として好きか、つき合いやすいか」というのが親しさなら、信頼は「人として評価できるか、信じられるか」です。これは友達と人脈の違いとも言えます。お金を出すというと、ずいぶん下世話だと感じるかもしれませんが、わかりやすい目安ではあります。

親しい友達が何人いても、人脈がないと仕事はできない。さらに、信頼できる相手が何十人、何百人もいるなどあり得ない。これが僕の人脈についての解釈なのです。

ソーシャルネットワークで「人脈のようなもの」を築いて満足している人も増えていますが、そこに信頼関係はあるのでしょうか？　友達や情報交換の相手を増やすのがせいぜい、悪くすれば「知り合いという名のアクセサリー」を増やしているだけでしょう。

「自分にはいっぱい知り合いがいる。こんなに人間コレクションがあるから、自分は価値のある人間だ！」

こうしたアピールを不特定多数の人にしたところで、なんの役にも立たない気がします。その一方で、「本当に信頼できる一〇人」という人脈があれば、彼らを通して不特定多数の人に自分のメッセージを発信することも可能です。

たとえば、僕の大切なメッセージを、信頼できる人脈一〇人に伝えたとします。するとその一〇人は、それぞれ自分の信頼できる人脈一〇人にきちんと伝えてくれるので、これだけでもう百人に伝わっています。極端かもしれませんが、こうして波紋が広がっていけば、会ったことがない人にも力を貸してもらえると思っています。

これはまた、社会から信用されるということです。人脈のあるなしは、「社会にどれだけ信用されているか」で決まるのではないでしょうか。

「社会との関係なんて抽象的なことではなく、仕事に役立つ人脈の話が知りたい」と思う人もいるでしょう。かつての僕もそうでした。人脈についての意識が変わったのは、三〇代後半にさしかかってからのことです。

三五歳くらいまでの僕は、どんな仕事も自分のためにやっていました。自分の生活、自分の欲しいもの、自分の評判を上げることを追い求めるという具合です。なんとも恥ずかしい話ですが、すべての目的が「自分」でした。うわべだけの人脈を求めて走り回る人たちと変わらない行動もしていました。

当然ながらそれで行き詰まったとき、「自分の得を考えていたらうまくいかない。社会を構成する一人として、社会が喜んでくれることをしないといけない」と気づきました。価値観を一八〇度変えるのは大変でしたが、変えて良かったと思っています。

もともとその傾向はありましたが、現在の僕はまるで社交的ではありません。仕事後はまっすぐ家に帰り、一〇時には就寝。お酒も飲まず、大勢の集まりにも行かない。いつも忙しいから、出会いを求めてあちこちに顔を出すなど、はなから無理です。

それでもありがたいことに人と出会うチャンスがたくさんあるのは、大切にしているわずか一〇人ほどの方々が、新しい人を紹介してくださるためです。

「松浦さん、絶対にこの人を知っておいたほうがいいよ」

「きっと気が合うと思うから、彼を紹介したいんだけど」

出会いはないけれど、次から次へと人が人を連れてきてくれるという感覚です。

「運は人が運んできてくれる」と書きましたが、出会いも人が運んできてくれます。

無闇に大勢と知り合おうと走り回るのではなく、日々出会う人と誠実なコミュニケーションをとり続ける。こんな人脈づくりを続けたいと思っています。

□考え方のポイント
人脈のあるなしは「社会にどれだけ信用されているか」で決まる。

つなぐ、助けてもらう、一日百回ありがとうと言う

僕には尊敬してやまない大先輩が何人かいます。彼らは成功しているすごい人たちですが、口をそろえておっしゃいます。自分には友達がいないと。

「最後に友達と会って話したのがいつだったか思い出せない」などと言う人。

「この人は休日も出かけず、一人で庭を見ているんですよ」などと奥さんが笑いながら教えてくれた人もいます。人づき合いに忙しいのはむしろ、成功には遠い中間層の人たちであり、そういう人ほど毎週末飲んだりゴルフに行ったりしているのでしょう。

中間層の人は、「純粋な友達づき合いでもなく、人脈でもないつき合い」に無駄な時間を使っているようにも見えます。成功している人は、そんなあいまいなつき合いに使う時間がないと感じます。自分の仕事のクオリティを突き詰め、成功を手にするには、まず自分を深めなければならないのですから。

一人の時間を大切にすること。逆説的に聞こえるかもしれませんが、これが人脈を深める第一歩です。

生活、仕事、運を高めるには、一人の時間も必要です。自立歩行ができる質の高い自分でいないと、質の高い人々と信頼関係を築くことなどできないと思います。

だからこそ、一人でいる時間、家族といる時間、思考する時間、仕事をする時間を守りたい。若いうちは別として、年齢を重ねれば重ねるほど一人になっていくのが自然であり、健康的だとすら思っています。現実として、仕事をすればするほど、人は孤独になっていきます。いつもみんなと仲良くやっていける仕事などないし、良い仕事をすればするほど、一人の人間としての責任は大きくなります。この孤独と重みを受け入れていくには、やはり一人の時間が必要です。

今の僕は、友達と腹をわって話したり、無条件で楽しい時間を過ごしたりすることなどせいぜい年に四、五回。仕事で忙しいせいもありますが、むしろ規則正しい生活を送り、一人の時間を確保することを優先させているためです。

もちろん友達は大切だし、会えばストレス発散もできます。わいわいやるひとときは、たまらない楽しさです。しかし、仕事を通して社会に貢献するようになると、その楽しさよりもはるかに大きな幸せが味わえるような気がしています。

なぜなら、自分一人を満たすための仕事はいずれむなしくなります。大きな目標に思えても実はたかが知れているし、あっという間に達成できたりします。達成したときはものすごく嬉しいだろうと思っていたのに、いざそうなると「自分が欲しがっていたものなんて、ちっぽけだな」と残念になる。なんともせつないではありませんか。

しかし、いったん「社会を幸せで満たすために仕事をする」という意識になると、目標は無限に大きくなります。いくら満たしても満たしてもまだ満たされない、大きな世界に向き合うことになります。

社会を幸せで満たすという途方もないプロセスの途中で、何かの仕事がうまくいき、多くの人に喜ばれる。そこでちょっとした達成感を味わえると、自分一人の目標を全部達成したときより、はるかに大きな喜びに包まれます。これは大変だけれど、素晴らしいことです。モチベーションが仕事のエンジンだとしたら、「自分のため」と

「社会のため」というモチベーションでは、エンジンの大きさがまるで違うということ。働き方についてこのような意識を持つことも、人脈を深めるには大切です。

信頼関係で結ばれた人脈を広げたいと思うなら、方法は三つあります。

第一に、自分が人と人をつなぐハブになること。

「誰か紹介してください」と頼むのではなく、自分が誰かに誰かを紹介する。自分の人脈の中のたった一人の素晴らしい人を、その人自身のためにもなり、相手のためにもなる人に引き合わせる。「自分が一歩抜きん出るために、こういう人と知り合いたい」と願うより先に、まわりの人の人脈づくりを手伝いましょう。

「この人にはあの人が必要だ」

「この人とこの人が会えば、この人の仕事は成功するんじゃないか」

僕はいつもそんなことばかり考えています。

ちなみに、人と人をつなぐハブになるために大切なのは人の話をよく聞くことです。

自分の話やアピールは全部忘れ、ひたすらじっくり聞くことです。最後まで聞いて、そこで学んだことを実行に移せば、人と人とのハブになる一助となります。

信頼関係で結ばれた人脈を広げる第二の方法は、誰かに助けてもらうこと。自分なりに与えることはできても、人に貸しをつくるほど貢献するには相当な力が必要です。だから最初は誰かに助けてもらい、借りをつくることから始めましょう。

もちろんその誰かは、すでに信頼で結ばれた人脈の中の一人でなければなりませんが、自分の仕事に人を巻き込むことはとても大切です。一人では仕事の質を深めていけないし、「社会に貢献する」という本気の仕事を助けてもらった相手とは、損得勘定を越えた深いつながりが生まれます。

さらに理想的だと僕が思うのは、「小さい借りをたくさんの人につくるのではなく、大きな借りを一人につくる」ということ。大きな借りをした相手とは、ものすごく大きな絆が生まれます。そのためには、かなりの努力も必要になります。

お金についていうと、あくまでたとえですが、一人に大きな借りをしたら、たくさんの人に小さな貸しをつくる。さらに無償で、できるだけ多くの人に与える。これは投資におけるセオリーでもあり、昔から伝えられているひとつの知恵でもあります。

このように、まず大きな借りをつくり、小さく貸したり与えたりという行為をコツコツ続けるうちに、いつか大きな貸しができるような力がついていくはずです。その道は果てしなく見えても、人脈を広げるという目標につながっています。


信頼関係で結ばれた人脈を広げる第三の方法は、一日百回、ありがとうと言うこと。これは第二の方法にもつながる、与える行為の一つです。

人とのコミュニケーションの基本中の基本は感謝であることを忘れないためにも、いろいろなことに「ありがとう」と言いたい。一日に百回、言葉に出して「ありがとう」と言うというルールをつくると、自分の世界が変わります。

朝、目が覚めたことにありがとう。定刻どおりの電車にありがとう。駅の売店の人にありがとう。電話をくれてありがとう。書類提出にありがとう。「ありがとう」を言うチャンスは無限にあります。

こうしたベーシックこそ人脈を育ててくれます。仕事の質を高め、自分自身が成長するきっかけとなります。

□考え方のポイント

〝一人の時間を大切にする〟ことが人脈を深める第一歩である。

第四章

時間管理術

時間に好かれ、時間を味方につける

消費の時間・投資の時間・浪費の時間

健康、友達や家族、お金。

時間はこれらと同じくらい、大切なものだと思っています。だから決して粗末にしないし、お金と同じように「消費」「投資」「浪費」の三種類があるという意識を忘れません。

移動時間は多くの人に欠かせない「消費の時間」だし、人には気分転換に遊ぶような「浪費の時間」も必要です。とはいえ理想的には、一日二四時間の大部分を「投資の時間」にしていくべきでしょう。

たとえば睡眠。ただ眠っているから消費かと言えば、眠り方次第で投資になります。良質の睡眠であれば、体力を回復し、リフレッシュした自分になるための投資です。

食事の時間も、どうでもいいものを食べてただ空腹を満たすだけなら消費の時間ですが、それによって豊かな気持ちになる、栄養を蓄えるという食事なら投資の時間です。

仕事はその最たるもので、やり方によって消費にも浪費にも投資にもなります。だからこそ、できるだけ時間に追いかけられないように、時間に好かれるように、仕事の仕方を工夫するといいでしょう。生産性のない仕事をだらだらして消費の時間にしたり、さぼっていて浪費の時間にしたりすれば、一番損失を被るのは自分です。「時間を雑に使わない」と決め、毎日を心して送りたいと僕は思うのです。

「何もしない時間」は、時として非常に価値あるものですが、それは忙しさの中にたまにつくり出すから貴重です。「気がつけば、何も意識していない空白の時間を過ごしていた……」というのは時間の無駄遣い、浪費の時間以外の何物でもありません。

だからこそ、「今、自分は何のために時間を使っているのか」を常に意識する工夫をしましょう。仕事はもちろん、遊ぶこと、休むことでも同じです。「今休んでいるんだ」「今遊んでいるんだ」という意識を持つべきだと思います。

もし、無意識の時間が多ければ、水道の水を出しっぱなしにしているのと同じこと。かなり注意しなければなりません。

だから僕は時間割をつくっていますし、可能ならお金を出しても時間を買いたいほどです。自分の時間割をつくようになると、意識が変わり、仕事の質が変わります。

□考え方のポイント

時間には、お金と同様に「消費」「投資」「浪費」の三種類がある。

四つの「時間割」で時間の使途を意識する

僕の「時間割」は四つあります。

今日するべきことを決めたTODAY。

一週間でするべきことを決めたWEEKLY。

一カ月でするべきことを決めたMONTHLY。

それに三カ月ごとにやるべきことを決めたSEASON。この四つがメインですが、プラスアルファとして一年に何をやるかというYEARもあり、年の頭につくっていますが、状況によって変わってしまうので、実際はあまりとらわれません。


やるべきこと、やりたいことは、すべて「THINGS TO DO」というリストにし、それぞれに割り振っていきます。

たとえば、今日するべきTHINGS TO DOであれば、自著『松浦弥太郎の仕事術』で紹介した名刺サイズの白い紙、「情報カード」に書き出し、ポケットに入れておきます。あとはTODAYのリストとして、点検しながら割り振っていくだけ。

WEEKLYもMONTHLYも同じで、一週間でするべきこととやりたいことをまずはTHINGS TO DOとして一枚の情報カードに書き出し、それぞれ割り振ります。

WEEKLYは、「今週やろうと思ったことがちゃんとできているか?」というチェックリストに近く、MONTHLYはほとんどプロジェクトリスト。SEASONはプランニングリストのようなものです。毎朝、TODAY、WEEKLY、MONTHLY、SEASONのTHINGS TO DOを書いた四枚のカードに必ず目を通します。

一枚のカードにリスト化するというシンプルな手法にすることが大事です。手で書けば忘れないし、意識にインプットされる気がします。もちろん、一日、一週間、一カ月の中でTHINGS TO DOは変わってくるので、そのたび何度でも書き直します。一項目か二項目であれば、変更点だけ二重線で消してその横に書き込んでいきますが、変更がたくさんある、あるいは書き直し続けて見えにくくなったら、新しいカードに全部書き直します。

新しく書き直すことにもメリットがあります。情報カードに書き出した時点で安心してしまい、何を書いたか忘れてしまう事項も中にはあるので、それらを再確認できるのです。不要だったものがずっと残っていたことに気づくこともあります。

仕事をしながら考えるのはTODAYのリストが主ですが、同時にWEEKLYもMONTHLYも考え、なんとなくSEASONのことも考えます。ちょっとしたことに見えて、この連携によって不安がなくなるのは、先のことが自分でイメージできているためでしょう。一日中、何度でも見直しますし、何度でも書き直します。

THINGS TO DOの時間配分も大切です。これは一時間でやる、これは二時間でやる、これは三〇分でやると決めていきます。締め切りがあるものは、必ず期日を書いておきます。TODAYであれば「何時までに」、WEEKLYであったら「何曜日までに」という具合。書き出して視覚化すると、少しずつ頭の中も整理もされて、安心できます。

TODAYのTHINGS TO DOは基本的に実務作業なので、毎朝書きます。WEEKLYとMONTHLYは折に触れて書き、それぞれ頻繁に見直します。仕事をしていると、決まって不安感が出てきます。「あれ？　これで大丈夫かな」「間に合うかな」と感じたときは、特にじっくり点検して、書き直したりもします。

こうしてTODAY、WEEKLY、MONTHLY、SEASONを自分で管理していると、自分が今どのあたりを歩いているのかがわかってきます。平坦なところを歩いているのか、上り坂を歩いているのか、丘なのか、川のほとりか、山のてっぺんに近づけているのか。今は下っているのか、次の山を登り始めたのか。この繰り返しで、ぼんやりとした自分のライフビジョンみたいなものが見えてくると、冷静になれます。

誰でも、いつも安定した平坦な道を歩けるわけではありません。キャリアやプロジェクトの山を、順調に登っているとも限りません。

しかし、きつい坂道でも「今、自分は山を登っていて、あとこのくらいだ」と感じられれば、頑張って登り通せます。今にも転びそうな砂利道やぬかるみでも、「今自分は一生懸命歩いているし、歩き通さなきゃいけない。だったら暮らしや仕事を工夫しよう」と対策を考えられます。こうしたイメージづくりに役立つのが、TODAY、WEEKLY、MONTHLY、SEASON それぞれの TO DO LIST という「四つの時間割」なのです。会社勤めの人にもフリーランスの人にも、役立つ工夫だと思います。

□考え方のポイント
やるべきこと、やりたいこと、ほしいものは、すべてリスト化する。

集中とリラックス

なんといっても仕事に欠かせないのは集中力です。集中するために一番大切なのは、リラックスすることです。

なぜなら、集中力とは限りあるエネルギーです。一日集中していたら、心も体も消耗してだめになってしまうでしょう。そこで、集中力をバランスよく使う工夫が大切になってきます。ずっと集中しようとするのではなく、意識的にリラックスの時間をとること。規則正しい生活や健康管理を心がけるといったことが大切です。

「規則正しい生活が大事だ」と頭でわかっていても、それだけでは規則正しい生活はできません。そこで、規則正しい生活を実行するための道具として、時間割を使っています。

TODAY の THINGS TO DO を、一日の予定に割り振っていきますが、僕の基本的な時間の使い方は決まっています。

午前中の四時間は集中する時間。思考の時間もここに入るので、「電話をとりつがない」「話しかけない」というルールを、スタッフにも共有してもらっています。ドアの開け閉めまで注意してくれているので、感謝しています。

職種や立場によっては難しいかもしれませんが、自分の仕事のスタイルや自分の時間の使い方をまわりに伝えていくことは、とても大切です。

人はそれとわからなければ、悪意がなくても大切な集中の時間を盗みに来ます。たとえば、「ちょっとお願いします」「これ、どうなっていますか」というひと言。こうしていろいろな人に声をかけられ、そのたび対応して自分の集中の時間を分け与えていたら、結局、「何をしていたかわからない一日」になってしまうことでしょう。「いい人だな」と思ってもらえるかもしれませんが、「何をしているかわからない」という消費の時間をいくら重ねても、何も生まれません。

良き仕事のための工夫でもあるのですから、いらぬ誤解を招かぬよう理解を求めたうえで、集中の時間を確保すること。これは時間術の肝です。耳栓をしたり、イヤホンで音楽を聴いたり、カフェに行ったり、方法はそれぞれです。集中して仕事をするという「幸せで濃密な投資の時間」を生み出しましょう。

さて、僕の基本的な一日の紹介に話を戻します。

朝食後に一時間、思考の時間。毎朝七時ぐらいに出社。七時半に仕事を始める前は、手をマッサージしたり、掃除をしたりというウオーミングアップ。七時半から三〇分間はメールのチェックと返信です。

メールのチェックは、お茶やコーヒーを飲みながら。ビスケット一枚、チョコレートのひとかけらといった「朝のご褒美」も用意します。ささやかなことですが、ともすれば味気ないメールチェックが楽しいものになり、集中力が高まります。

メールに限らず、仕事には責任や義務がありますが、そこに自分なりの楽しみや工夫を持ち込むと、仕事に支配されず、自分が仕事をコントロールしている気持ちになれるのです。この三〇分間で、自分の仕事モードをオンにしていきます。

九時からの三時間は実務作業。THINGS TO DO に優先順位をつけることは重要ですが、最初に着手するのは重要なことでなく、一番簡単なことがいいでしょう。重要なことはたいてい難しく、ここから着手するとあとのものができなくなってしまいます。TO DO リストの一番目すら終わらないので、ストレスがたまります。その点、簡単に片づくものなら、どんどん終えられます。手紙を書く、引き出しを整理する、書類の決済など、やれることからやってしまいましょう。こうして小さな達成感を積み重ねると、ストレスが減り、集中力が高まり、仕事のリズムができます。

この状態で、だんだん難易度の高い仕事に着手し、一二時まで徹底的に集中して実務をこなします。その気になれば三時間ずっと集中できますが、必ず一時間ごとに休んでリラックスするのも集中力の質を高める秘訣です。必ず一時間ごとに、一分でも五分でも休むと決めています。トイレに行く、社内を歩く、人に声をかけるというのが僕の休み方。首を動かしたり、肩を回したりすることもあります。

どんなに集中しても、休憩時間となったら仕事をぱっとやめ、ひとつひとつを延長しないことは非常に大切です。リラックスと集中を配分してこそ自分をいい状態に持っていけるし、結果としていい仕事ができます。

昼食はいつも一時。人が休んでいるときには休まず、一時間ずらすのもコツです。そのため午後は二時からスタートし、二時間ほどを打ち合わせや面会に充てます。「この打ち合わせは三〇分」「この人とは一五分」というのも決めてこなしています。

四時からの三〇分は午後のメールチェック。一日二回のメールの時間以外、メールをいっさい見ないのも集中する秘訣です。そのかわり、見たときに来ているメールには、素早く返信してしまいます。この際もそのときの気分で、コーヒー、ハーブティ、中国茶を飲み、自分のコンディションに合わせたおやつを楽しみます。「午後のご褒美」を自分に与える感覚です。

五時半が定時なので、四時半からの一時間は、一日の中の最後の一時間。基本は外出の時間としています。一日を終えた自分をクールダウンし、外の空気を吸いに行きます。好奇心を呼び覚まし、外の世界に関心を向けるために、用事をつくって何かを見に行く、書店をぶらつくといったことをします。

当然ながら打ち合わせや実務作業が延びたりすることもあるので、最後の一時間はそのための予備時間でもあります。

突発的なトラブルが生じたときは別として、基本的には残業はしません。「残業しない」ということが、自分の仕事のクオリティの表明だと思っています。残業をするとは、自己管理もできていないし、仕事のクオリティが低い証拠。「いつも残業しているんですよ」とこぼす人は、ダメな自分をみんなにアナウンスしているようにすら思えます。残業することで、「自分がちゃんと仕事をできていない」という不安をごまかしている可能性もあります。

僕が気をつけているのは、一日の最後はきちんと休むということです。ここで自分をリラックスさせないと疲れが残り、翌日の仕事に影響します。

お酒を飲まない僕は、あえてぼんやりする「何もしない時間」を大切にしています。何をしていたかわからない時間ではなく、「休む」という目的意識がある時間です。こうして一日を通した集中とリラックスのバランスを調整します。

オンとオフの区別は、なかなかつかないからこそ、つけるべきです。一生懸命自分で切り替えている僕も、実は一日中仕事のことを考えていることがよくあります。しかし、オフの時間の価値を知り、リラックスしてこそ、日々の仕事に集中できるし、本番に力が出ます。

集中とリラックスのバランスが少しずつ狂ってきたら、休日や夏休み、冬休みを、バランス調整として有効活用するといいでしょう。

□考え方のポイント

いい仕事をするには、リラックスと集中をうまく配分する。

集中力の濃度を高める

僕にとっての「時間術」は、仕事をたくさんするためではありません。スピードアップのためでも、効率を上げるためでもありません。

むしろ、たくさん仕事をしないため。適正な仕事量を守るための時間の工夫です。当たり前のことですが、仕事はクオリティで決まります。今日一日、無理をしないで楽しく仕事をし、それを毎日続けていく。クオリティの高い仕事はこうした繰り返しから生まれます。「働く時間＝投資の時間」にしたいのであれば、仕事時間を大切にていねいに扱い、どう使うか真剣に考えるのは当然の話ではないでしょうか。

世の中の流れとしては、労働時間が延びています。コスト削減で人が少なくなっているため、今まで五人でやっていたプロジェクトを三人でやる、二〇人いた部署が一

○人になるという話はよくあります。

また、仕事は能力のある人のところに集中します。少人数でこなすとなればなおさらです。つまり、あなたが仕事の質を高めれば高めるほど、忙しくなるのは当たり前だということ。だからこそ、自分にふさわしい時間術を生み出して自分で自分を管理し、仕事という水で自分というダムが決壊しないように、注意することです。

会社は社員の二四時間の管理までしてくれません。就業時間中すら、完璧な管理など不可能で、上司が一日に適正な仕事量を考えてくれるなど、あり得ないのが当たり前です。そのかわりとなる自己管理ツールが、THINGS TO DOであり、四つの時間割なのです。いろいろな本で書いていますが、管理というのは自分でするものであって、人からされるものであってはなりません。

管理というと堅苦しいかもしれませんが、世界も、仕事環境も、暮らしも、常に変化しています。臨機応変に対応し、自分も変化していかなければ、質の高い仕事はできません。そのために自分の計画を持ち、柔軟に調整する手段が管理なのです。

時間割をつくり、それに沿って自分を管理すると、安心と不安が同時に生じます。まずはなんといっても、全体を見渡せることが安心です。今日は何のために、どこに向かって仕事をしていて、三ヵ月後にどうなるかもわかっていれば、あせることもありません。今日一日だけではなく、一週間、一ヵ月、四季の単位で時間を捉えていると、人と深い仕事の話ができます。未来への投資となるような仕事について、具体的に相談することも可能です。

全体を見渡せて安心だという状態でいられるのは、時間割を「つくっているから」であって、「持っているから」ではありません。たとえば僕は、手帳やTHINGS TO DOを家に忘れたとしても、まったく慌てません。何度も書き、繰り返し見直して暗記しているからではなく、「日頃からきちんと管理しているのだから、なくてもなんとかなるだろう」という安心と自信が生まれるためです。

仕事に追われないことも、自己管理で生まれる安心のひとつです。毎朝出社して、机の上に載っている仕事をやるという状態では、仕事に追われ、仕事に流されてしまいます。そうではなく、「今日の仕事」を自分で知り、一週間、三ヵ月間単位で管理していれば、自分が仕事を支配できます。

たとえ会社員であっても、仕事は基本的に自分で見つけるものであり、自分で生み出すものです。誰かが与えてくれる仕事はお手伝いでしかありません。自分が仕事を支配できれば、自分で仕事が見つけられるようになります。そこから初めて、何倍にもなって返ってくる投資となる、「良き仕事」ができるのです。

時間割をつくって安心する一方で、不安も生じます。これはシンプルですが大きなものです。この不安にどう向き合うかが仕事の質を変えます。

毎日を時間割どおりにきちんとこなしていくと、まったく変わらない日が続きます。順調と言えば順調ですが、単調と言えば単調です。この、淡々とした日々の積み重ねに、人は不安になります。「退屈で耐えられない」と不安になり、「何ひとつ変わらないのに、進んでいるのだろうか？」と不安になります。

「仕事とは、そういうものだ」というのが僕の結論です。毎日ドラマティックで面白いことが起きるなど、幻想にすぎません。毎日変わらない当たり前の仕事をずっと継続することが、自分の仕事のクオリティを高める一番の近道だと信じています。

「仕事は集中力にかかっている」と書きましたが、淡々とした毎日の積み重ねが、集中力の濃度を高め、仕事のクオリティを高める唯一の方法です。

技術を高めるには、限界があります。体力にも限界があります。生まれつきの能力の差もあります。しかし、集中力の濃度は、何歳になっても、どんな能力の人でも、無限に高めることができます。

□考え方のポイント

毎日変わらない当たり前の仕事を断続することが、仕事の質を高める一番の近道。

第五章

グローバル術

メンバーではなくプレイヤーとして働く力

メンバーでなくプレイヤーとして働く

どんな立場であろうと、経営者意識を持っている。

これは長年、フリーランスとして働いてきた自分の特徴だと思っています。雑誌編集長という仕事は組織の一員としての仕事ですが、基本的な意識は、今も変わらないフリーランサーとしてのものです。

一人で働いて、社会とじかに向き合う意識。

今日一日、どんな成果があったかを確認する習慣。

今日一日でいくら稼いだか、どれだけ利益があったか考える習慣。

いざとなったら、頼れるのは自分だという意識。

こうしたことからくる経営者的な仕事の仕方が、僕の根っこにはあるようです。

組織で「メンバー」として働いている人は違和感を持つかもしれませんが、これからの時代は会社に属していても、経営者意識を持つことが大切ではないでしょうか。

グローバル化はごく当たり前のこととなり、あらゆる仕事の場で、外国人と戦うようになります。「今までの日本的なやり方」のままでいては、互角の戦いどころか、どんどん抜かれていくでしょう。

これまでの時代は、大学を卒業して会社に入れば、みんなが面倒を見てくれました。会社が給与や福利厚生を保証し、部署が仕事のやり方を教え、上司が管理し、先輩が面倒を見てくれていたのです。

しかし、次第に働き方がドライになってきて、今後その傾向は増すでしょう。会社は社員の面倒を見てくれないし、できない人は、どんどん切られます。「こんな仕事は教えてもらっていません」などと言ったとたん、「能力がない人」という烙印を押される可能性もあります。

今までは、働いた年数や「みんなとうまくやれる人」といった人柄で評価されることも可能でしたが、これからはますます成果至上主義になっていく。これは動かしようがない事実です。

成果を出さないことには評価されない厳しい時代。

みんなで仲良く、同じチームのメンバーとして助け合うというより、一人ひとりが独立したプレイヤーとして働く時代。

こうした時代には、経営者意識を持ったほうがいいというより、持たなければ危険だと感じます。これは欧米的な考え方で、MBA（経営学修士）が珍しくないアメリカなどは、入社した時点から経営者意識を持っている人が多いとも言えます。

MBA取得については各自の判断だと思いますが、経営者意識を持ち、自己管理の方法や時間の使い方を知ることは、今後、働くすべての人に必要です。メンバーでなく、プレイヤーになるということです。

プレイヤーとして働くためには、「みんなと同じがいい」という意識を捨てること。

日本人は、「常にみんなと一緒であることが安心だ」という教育を受け、「人と違ってはいけません」と教えられ、協調性を良しとする文化があったので、難しいかもしれません。しかし「自分にはみんなと同じがいいという意識がある」と自覚し、矯正していかない限り、自分で物事を選び、自分で決断するプレイヤーとしての働き方はできないでしょう。特にこれから世界と渡り合う若い人たちには、「自分で決める」というプレイヤー意識が大切だと感じます。

そのためには、自分で決める機会を増やすといいでしょう。

「こういう仕事を担当しなさい」

「やり方はこういうふうにしなさい」

常にこう言われて上司の指示で仕事をしているのであれば、全部は無理でも自分で決める部分を確保することです。

「すみません、それはちょっと自分で決めさせていただけませんか」

こう言えるか言えないかで、成果が変わります。「タイムカードを押す」というのが会社のルールであれば、「僕はタイムカードを押さなくても大丈夫です。自分で自分を管理できます」と言えるか言えないかで、仕事の仕方が変わります。

もちろん、何の根拠もなく言っても決めさせてはもらえないので、それだけの仕事もしなければならないでしょう。

だからこそ、本書で述べたような、思考すること、想像すること、コミュニケーションをとること、時間の使い方を工夫することが必要となってくるのです。

□考え方のポイント

仕事において、どんな立場にいても常に経営者意識を持つ。

グローバルに働く

プレイヤーとして働くとは、向かい風を真正面から受けるということです。会社が風よけとなってくれることはありません。上司や同僚が、手助けという追い風となってくれることもありません。

どんな種類の仕事であっても、たとえ人目につかないような仕事でも、常に向かい風を受けていて当然。そう思わないとプレイヤーとして働いてはいけません。

前に進めば、必ず向かい風を受けます。逆に言うと、向かい風を受けていない仕事は、前に進んでないということ。

自分でちゃんと風を感じられているかを、常に意識しましょう。会社に守られたい、上司にほめられたいなど、期待してじっとしていてはいけません。

あなたがもし二〇代から三〇代半ばくらいであれば、「組織に属していてもプレイヤーだ」という意識を一歩進めて、「世界の中のプレイヤーだ」という意識を持つといいでしょう。視野を地球全体に広げ、日本を含めてどこの国で働くかを考える時代がくるのですから。

リタイアしたあと、どこかに根を張るというなら話は別ですが、仕事である以上、常に自分の能力を最大限に発揮できる、自分が評価されるところに場を移すことは当然の話です。「自分株式会社が会社と契約する」という考えを持ち、スポーツ選手のように「自分株式会社が世界中のチームと契約する」ことも視野に入れましょう。

僕自身、「すぐに日本を出たい」という意識はありませんが、「日本に居住している意味がだんだん薄まってくるな」とは感じています。これは日本に限った話ではありません。今後、どこでも仕事ができるツールがどんどん出てくることを考えると、「どこかに根を張る」という考え自体、意味をなさなくなる気がするのです。

実際に世界で働くには、経営者意識はもちろんのこと、「三ヵ国語ぐらいは不自由なくしゃべれる」という、世界の人々と対等なコミュニケーションをとるための基礎も必要となります。仮にずっと日本で働いていても、仕事へのモチベーションも意識も高い、韓国、中国、インドの人たちがどんどん入ってきます。経営者が明日から外国人になる、そんな話も珍しくなくなるでしょう。

幹部が外国人、しかも少なからず能力が高い人たちになってくると、これまでの価値観を引きずったまま、終身雇用を望んで会社に入ってきた人たちは切り捨てられます。

「自分よりも能力の高い人が職場に入ってくる」

「もっと優秀な人が来たら、自分の仕事はとられていく」

こうした危機感を持つべきです。

僕はまた、これからの若い人たちは、「三〇歳から五五歳までの二五年間で、一生分稼ぐんだ」というスポーツ選手のようなプロ意識を持ったほうがいいと感じます。

プレイヤーとしての「現役」は、どんな仕事でも五五歳ぐらいまで。その後はどんなに優秀な人であっても、少しペースを落としてディレクター的な仕事をするようになります。これからの時代を考えると、のんびり働いていれば定年まで保証してくれるという企業などあり得ないでしょう。年齢が上がるにつれて収入が上がる可能性もないし、退職金や年金も当てにできません。

だからこそ、若いうちに真剣に働き、「三〇歳から五五歳までの二五年間で、一生分稼ぐ」という覚悟が必要になるのではないでしょうか。

逆に考えると、それだけ意識も能力も高い若い人材を使っていかない限り、日本の企業の本当のグローバル化も実現しない気がします。

こういう話をすると、決まって「弱者はどうするんですか」という意見が出ます。「みんながみんな、そんなふうにできるわけがない。意識も能力も高くない、優秀になれない人はどうするんですか。そういう人とも助け合って成り立っているのが会社でしょう」と。

しかし、そんな曖昧なやさしさを振りかざし、会社があまりにも甘えた組織になった結果として、今の競争力のない日本があります。

もちろん、弱者を切り捨てない社会にするために、僕たちは真剣に考え、方法を見出さなければなりませんが、すべての解決策をビジネスの場に求めるのは、もう限界のように感じています。

全員が自立歩行を目指したうえで、弱者を助ける社会。少なくとも一人ひとりが、社会や組織に依存することなく、独立して生きていく。だからこそ、助け合うことができる。これこそ、グローバル時代にふさわしい成熟した社会だと思います。

□考え方のポイント

三〇歳からの二五年間で一生分稼ぐというスポーツ選手的なプロ意識を持つ。

学ぶためには、お金を惜しみなく使う

グローバル化時代を生き抜くために欠かせないのが語学力です。

「母国語を含めて、三カ国語くらい話せるのが当たり前になるし、実際に可能だ」

僕はそう信じており、英語、フランス語、中国語を習っています。不自由なくこれらの言葉を操れるようになるという長期的なビジョンがあります。

一番最近、習い始めたのは中国語。標準的な北京語を学んでいます。フランス語は前から取り組んでいますが、なかなか上手にならないので継続中です。

英語の場合、日常会話はできますが、きちんとしたビジネス英語でもないし、まだまだ稚拙な表現をしていると感じることもしばしば。そのたびできる限り高めたいと思い、努力しているのです。

この三カ国語を選んだのは、「この三つができれば、世界のどこへ行っても不自由しない」というのが理由です。特に英語は世界の共通語。グローバル化の大前提であり、習得は必須です。

中国語のニーズも高いと思いますが、個人的にも「いいことも悪いことも含めて、中国から学ぶことが大きい」という印象があります。

哲学、美意識、歴史。中国から学ぶことはとても多く、友達もたくさんいます。現在はお互いに英語で話していますが、中国語でコミュニケーションをとれたら、もっと深い話ができると楽しみです。中国語は日本語のルーツでもあり、漢字の文化の源なので、新たな発見もあるでしょう。

フランス語を習い始めたきっかけは、ずいぶん前のフランス旅行。言葉がわからずに困った覚えがあるので習い始めました。国連の公用語であり、カナダも州によってはフランス語。アフリカ大陸の多くの国ではフランス語が話されています。

語学習得に苦労している人は、たくさんいますし、あまりにも大変なので「もう無理だ」とあきらめてしまう人もたくさんいます。

しかし、僕は三カ国語を完全習得できる秘訣を見つけました。

ごくシンプルで絶対的なその秘訣は、惜しみなく時間とお金をかけること。

「語学はマスターしたいけれど、時間もお金もかけたくない」という人があまりにも多いと感じます。「英語を習っても全然だめでした」という人がいれば、僕は決まって「いくら払っているの？」と聞いてみるのですが、たいてい「お金がないからわずかです」などという答えが返ってきます。

そんなとき、口には出しませんが「ああ、もったいない」と思うのです。ノーリスクで何かを得るなど、不可能だと。

本当に自分に必要なものには、お金を惜しみなく使う。借金してまでとは言わないけれど、できる限りの投資をしなければ、リターンもありません。

少し大げさな話ですが、たとえば、「半年で英語をある程度しゃべれるようになりたい」という人が三〇〇万円払えば、相当本気になります。ところが三〇万円しか払っていなければ、マスターできなくても「もういいや。三〇万円は捨てたと思おう」

とあきらめてしまいます。人によって額は違うと思いますが、三〇〇万円払ったら、たいていの人は「大金を無駄にしてはいけない」と必死になるでしょう。

大きな投資をすれば、教わる側に求めることも違ってきます。「今日のレッスンはめんどうくさいな」ではなく、「もっと教えてほしい、もっと学びたい、もっとレベルを上げたい」となるはずです。お金を惜しみなく払い、時間を多くかけると、高いレベルの要求に応えるだけの能力がある先生に個人レッスンをしてもらえます。半年間の英語レッスンという、お金と時間の投資を行えば、英語がペラペラになります。

イチローや中田英寿など世界で活躍している人たちが、短期間で外国語を流暢にしゃべれるようになるのは、ものすごいお金を使い、みっちり学ぶという投資をしているからだと思います。語学は身につければ一生ものですし、そこからさらに経験も広がります。お金とは本来、このような有益なことに投資すべきではないでしょうか。

もちろん語学に限った話ではありません。僕は、「これは必要だ」と思ったことには、決してケチケチしないと決めています。

お金をかけると真剣になる。逆に言えば、お金をかけないと真剣になりません。

□考え方のポイント

母国語を含め、三カ国語くらい話せるよう自己投資をする。

自分にふさわしい場所を見つける

英語がしゃべれない。引っ込み思案。なんとなく何かに依存する。

僕たち日本人は、そんな性質を持っています。DNAに組み込まれているのかもしれません。これらの特徴は弱みでもあるので、外国人と肩を並べたとき、対等に立ち向かえる「強みとなる特徴」も、持たねばなりません。

では、「強みとなる特徴」とはなんでしょう?

語学はコミュニケーションのツールなのでまた別ですが、「対等になるために、外国人と同じになろう」というのは、ちょっと違うと感じます。

仕事自体が欧米化しているからこそ、日本人としてのプライドを大切にしたい。

日本人としての美徳、心くばりの細やかさ、勤勉さを大事にし、磨きたい。

僕は日本人らしさこそ、「強みとなる特徴」だと考えており、そこを大切にし、高め、世界の人々と対等に立ち向かう力に変えたいと願っています。

そうやって世界の人とかかわって働いていく中で、最終的には、この答えにたどり着きたいとも考えています。

「日本人とは何者なのか？」

この大きな問いの答えを、見つけたいと願っています。

日々の仕事の中で、ふと気がつくことがあります。

「こういう感覚って、もしかして日本人だけなのかな」

「こういう工夫、こういうものを美しいと思うのは、日本人だからだな」

まったく実務的なビジネスをやっていても「日本人らしさ」についての発見があります。外国人とコミュニケーションをとると、なおさら日本人としての美徳を意識します。これは僕にとって、たいそう幸せなことです。自分の誇り、日本人としてのアイデンティティを見つけた、と実感できるからです。

仕事を通して人を幸せにし、社会に貢献するためには自分のビジョンとクオリティが必要です。そのとき「自分らしさ」という要素は欠かせないものであり、だからこそ僕は「日本人とは何者なのか?」を知りたいし、「日本人という自分の本質」を知りたいのかもしれません。

自分が何者かを知るには、食わず嫌いをせず、いろいろ試すことも必要です。たとえば、新しいことがあれば、ひととおりやってみることも大事です。自分の知らないものを否定することほど、もったいないことはないのですから。

具体的にいうと、フェイスブックやツイッターといったソーシャルメディアも、頭ごなしに否定せず、ケース・バイ・ケースで使い分けていくといったことです。

もちろん、自分が何者かを知るには、食わず嫌いをせずにいろいろ試すと同時に、「試してみたうえで選ばない」ということも必要です。僕はソーシャルメディアを試していますが、「今後これで何かをしよう」という結論には至りませんでした。「アメリカを知りたいならアメリカへ行くしかないし、面白い人がいると思えば、会いに行くのがいい」と思う価値観の自分にとって、ソーシャルメディアというのは、あまりにもリアリティがないと気がついたのです。

これは世代の問題かもしれず、子どもの頃からコンピューターに親しんでいる若い人にとっては、また別の違う使い方があるのでしょう。使いこなせば、違う世界が広がるのかもしれません。

だからといって、二〇代の価値観の世界に、自分が交ざろうとは思いません。

年代を超えた新しい世界を知ろうとするときは、二通りあります。

年上の人たちに交ざって何かを学ぼうと年下が背伸びをするか、年上のほうが若いふりをして年下の人たちに溶け込もうとするかのどちらかです。前者は礼儀をわきまえればどんどんしていいことだと思いますし、実際に僕も、たくさんの年上の方に学んでいます。しかし、後者はどうでしょうか？　無理矢理に若いふりをして学べることなど、ほとんどないと感じます。

偏見だと言われるかもしれませんが、五〇代、六〇代の人がファストフード店で食事をしている姿を目にすると、僕は「ちょっと、さみしいなあ」と思います。

人には年相応の働き方も暮らし方もあります。本当に経済的に困っている人は別として、きちんと働いている大人であれば、それなりに人生経験もあるはずです。「この場所は、この年齢、この経験、この価値観を持つ自分にとってふさわしいだろうか?」

こうした自問は、年齢を重ねれば重ねるほど必要なことだと思います。よほどのことが無い限り、僕がファストフード店で食事をしないのは、体のためもありますが、何より大人なら自分の生活に対して「大人の値段」を払うべきだと考えているからです。

さらにつけ加えれば、世界には大人の値段を払うことを理解している人がたくさんおり、残念ながら日本人は「小さなお得」に飛びついて、大人の値段を惜しむ人が多すぎると感じています。

年齢にふさわしい世界を知っている人は、満ち足りています。たとえば、僕が知っている六〇代ぐらいの人たちは、落ち着いて豊かな生活を送っています。若い人とは違いますが、それはそれで素晴らしいし、自分もいつかそうなりたいと思います。

知らないことを知ると同時に、自分の世代にふさわしい価値観を知る。これも「自分が何者なのか」の答えにつながるでしょう。これも世界の中で、日本人としての誇りを持って生きていくことにつながるでしょう。

別の世代の世界であれ、よその国の習慣であれ、安易に人の真似をしない。何かを学ぶために真似ることから入るのは大切ですが、単なる猿真似はしない。これも「自分が何者なのか」の答えを知るひとつの道です。

「人の真似をしない」という基本は、働き方、暮らし方、ファッション、すべてにわたっています。だから「松浦さんってダサいな」と思われてもまったくかまいません。少なくとも「人の真似をしてない」と胸を張って言えるので、それでいいと思っています。これも自分らしさを守る方法であり、自分らしさを育てる方法です。

自分らしくあれば、生きている幸せ、生きているという実感があります。人の真似をしないと、迷ったり、失敗したり、恥をかいたりしますが、たまにはほめてもらえることもあります。

こうして考えれば考えるほど、「世界を知る」とは「日本を知る」ことであり「自分を知る」ことだと思えてきます。

仕事も暮らしも自分らしさを知るための勉強。こう考えると、ずっと続けていこうという覚悟が定まります。この覚悟こそ、グローバル時代を泳ぎきるための、プレイヤーとしての覚悟だと思っています。

その覚悟を持って、僕は毎日、仕事をしています。

□考え方のポイント

グローバル化が進む今こそ〝日本人としての美徳〟が世界に立ち向かえる強みである。

解説

木内　昇

思慮、という言葉がある。辞書を引くと、「注意深く考え思うこと。思いめぐらした考え。おもんぱかり」とある。大袈裟な言い様になってしまうけれど、もしかするとこの「思慮」こそが、個々の人生を輝かせるもっとも重要な要素なのではないか、と歳をとるにつれて感ずるようになった。

私たちは誰しも、日々さまざまな事象を体験し、いろいろな人と向き合っている。中には突発的な出来事もあるだろう。理解不能な人と出会うこともあるかもしれない。そうしたひとつひとつにくまなく対応するマニュアルがあるはずもなく、人生これさえしておけば万全だという保証もない。結局、予測不能で不可解で、必ずしも希望通りにはいかない道程を行くのが「生きる」ということなのだが、その行程を支えうるのが、自らの頭と心を使って考える、という行為のように思うのだ。

『考え方のコツ』には、松浦弥太郎氏が豊富な経験から学び、会得した、「考える」術が、実感を伴う言葉でていねいに記されている。「思考術」「想像術」「コミュニケーション術」「時間管理術」「グローバル術」からなる全五章。ここに、社会で働く上で大事なヒントがあまた詰まっているのだ。

読みはじめこそ、他人様の思考回路を覗き見るような気軽な楽しさを味わっていたのだが、途中何度となく立ち止まり、そのたび、これまで見過ごしていた事柄に気付かされ、考えさせられた。読み終わってみれば、自分の凝り固まった頭の中を素手でほぐされたような心地であった。

例えば、「思考術」の章に、こんな一節がある。

〈積極的に「考えるための時間」を確保し、落ち着ける「考えるための環境」を整え、然るべき「考える手順」を踏まなければ、アイデアを生み出すことはできません。〉

松浦氏は、考えに対して「突然、ひらめきが降ってくる」「行動しながらできる」といった話とは、異なる意見を持っている。

〈考えるという営みにはプロセスがあり、能動的に自分で準備をせねばならない、そ

う思っています。〉

私なぞ、小説のアイデアを練るときでさえ、掃除をしながら、風呂に浸かりながらの「ながら考え」を続けているていたらくなので、先の一節を読んで深く恥じ入ったのだが、「ひらめき」に関しては松浦氏同様、長らく懐疑的な思いを抱いてきた。忌憚ない言い方になるが、ことさら天啓を強調する人に限って、創っているものは普通というのが、かつてインタビューを仕事の主にしていた時分の感慨なのだ。もちろん、思いがけない発想が不意に湧くことはある。ただそれらはいずれも、日夜真摯に考え抜いた末にもたらされるご褒美のようなものだという気がしている。

以前、とあるミュージシャンから、歌詞を書く際は机の上に白い紙を置いて、その前に正座してジッと考える、という話を聞いたことがある。彼もやはり「考えるための時間」を意識的に設けていたのだ。私は当時、歌詞というのはなにかをしながらふと浮かんだ言葉を譜割りに合わせて載せていくのだろうと、浅はかにも考えていたから、写経のように精神を研ぎ澄まして机に向かうと聞いたときはずいぶん驚いた。しかしその彼の書く詞は飛び抜けて言葉選びのセンスがよく、比類無い感性を宿していたのだ。

本書の中で松浦氏は、ネットとの付き合い方にも言及している。ここにも思わず膝を打つアドバイスが連なっていた。

〈「知らないことはインターネットで調べればいい」と思ったとたん、手間暇かけて考える必要がなくなります。

そうなると、どんどん自分で考えることをしなくなります。思考という冒険の旅に出るはずが、第二歩を踏み出したところで快適な場所を見つけ、くつろいでいるうちに一生を終えるようなものです。〉

パソコンの前に釘付けになって、形骸的な情報収集でよしとしている人にとっては耳が痛い言葉ではなかろうか。

もう二十数年前の話になってしまうけれど、新米編集者として仕事をはじめた私に当時の編集長が真っ先に告げたのが、「自分の目と足で確かめたこと以外、企画に出すな」ということだった。当時はパソコンも今のように普及しておらず、当然ながら検索エンジンもなかったので、事実関係ひとつ調べるにも図書館に通ってデータベースを閲覧、古書店を巡り、心当たりのある人に聞いて回り……と今では考えられないほどの手数を踏まねばならなかった。ようやく求める資料に行き着いても、今度はその場所なり人なりに直接当たって自分なりの考察をまとめない限り、企画として検討すらしてもらえなかった。それはもう、うんざりするような行程だったが、大変だった分、細かな部分まで記憶に刻まれたし、調査過程で見たり感じたりしたことが独創的な誌面作りに一役買うことも少なからずあったのだ。

〈ひたすら観察する。その場に身を置いて経験する。わがこととして実感する。〉という本書の提言はまさに、アイデアを実らせる上で欠かせない行動だと思う。ネットでの情報収集は便利ではあるが、掲載された記事内容と画像がただ頭にインプットされるだけに終わることも多い。実感が抜け落ちているからものの見方が画一的になり、不特定多数の人がひとつの事象に対して類似した感想を抱き、それが大同小異のコメントに化け、書き込みとして連なっていくという不毛な現象も起きやすい。そこには独創性がまるでなく、個性すらも見えてこない。

SNSが普及した今、「ひらめき」を随時発信し、見も知らぬ他人にまで拡散することが容易になった。しかし一方で、出来事に接して芽生えた感情を即座につぶやいてしまうため、自分の中で吟味し、咀嚼し、消化するという「考えを熟成させる」行程から、人々は遠ざかってしまったように見える。「いいね！」という安易で無責任な肯定を手早く得るために、「思考という冒険の旅」をあっさり放棄していると思えば、残念でならない。

松浦氏の「考え方」はいずれも、短絡的で安直な今の風潮に楔を打ち込むものでもある。

〈むやみに知識をためていかない〉

〈新しいアイデアがどうなるか、その答えは常に「知らないこと」の中にあります〉

これらの言葉は、昨今のデータ第一主義な傾向とは趣を異にしている。数字的裏付けにのみ頼り、独創性を退けて、すでに他者によって耕された平板で安全な道だけを行くのは、本来誰にでもできるやり方だ。だがそれだと、万事において前例が基になってくるため、けっして新しいものは生まれない。真のアイデアを生み出すには、本書に詳述されているように、想像力を駆使して、手間暇掛けて自分の頭で考え抜くしか方法はないのである。

容易に近道を提案しないからといって、本書が合理性と懸け離れているかといえば、むしろその逆だ。「時間管理術」「グローバル術」では、未来まで視野に入れた効率化が示されているし、唯我独尊にならず自分への客観的視点を常に持つことの大切さや、コミュニケーションを潤滑にする知恵も紹介されている。現代社会を渡っていくのに必要な項目を備えた、バランスのいい指南書なのだ。

〈まずは自分の生活を大切にすること。暮らしを大切にすること。〉

仕事もまた暮らしに含まれており、個人を形成する上で重要な部分を占めている。仕事＝人生とまでは言わないけれど、一日の三分の一前後を費やしているのは事実。ならば自分の成長の糧としてとらえ、親しく付き合い、常に質の向上を心掛けることで、毎日はより豊かになるのではないだろうか。

仕事は他人からただ与えられるものではない。自ら能動的に考え、発見し、挑むものなのだ、と本書を読んで改めて知った。働くことは思慮を培う過程であり、「思考という冒険」を身をもって体験する場だということも。最後の一ページを閉じる頃にはきっと誰しも自分の仕事を再認識し、愛おしく思っている――『考え方のコツ』は、そんな本である。

（きうち・のぼり／小説家）

考《かんが》え方《かた》のコツ

朝日文庫

2014年11月30日　第1刷発行

著　　者　松浦弥太郎《まつうらやたろう》

発 行 者　首藤由之

発 行 所　朝日新聞出版

〒104-8011　東京都中央区築地5-3-2

電話　03-5541-8832（編集）

03-5540-7793（販売）

印刷製本　大日本印刷株式会社

Published in Japan by Asahi Shimbun Publications Inc.

定価はカバーに表示してあります

ISBN978-4-02-261812-2

落丁・乱丁の場合は弊社業務部（電話03-5540-7800）へご連絡ください。
送料弊社負担にてお取り替えいたします。

松浦　弥太郎
松浦弥太郎の仕事術
『暮しの手帖』編集長、文筆家、書店経営と三つの顔をもつ著者が説く、仕事と生活の哲学。毎日、真摯に働くための秘訣を紹介。〔解説・佐々木俊尚〕

松浦　弥太郎
ぼくのいい本こういう本
小説、随筆、絵本、写真集など著者が選ぶ〝いい本〟を紹介しながら、日々の暮らしや出来事、少年時代の思い出を綴る。〔解説・浅生ハルミン〕

水野　学
アイデアの接着剤
ヒットとは、意外なもの同士を〝くっつける〟ことから生まれる！「くまモン」アートディレクターの仕事術を完全公開。〔解説・長嶋　有〕

小池　幸子
帝国ホテル流　おもてなしの心
客室係50年

年間に接遇する客数は一五〇〇人。その笑顔に誰もが癒される敏腕客室係が、日本人ならではのおもてなしの心と技を説く。〔解説・村松友視〕

鈴木　おさむ
完全版　テレビのなみだ
仕事に悩めるあなたへ

人気放送作家がヒット企画を生む仕事術、熱いキモチを明かす。番組を支えるテレビ人の秘話のつまった「泣ける」ビジネス書。〔解説・藤巻幸大〕

中田　亨
ヒューマンエラーを防ぐ知恵
人間が関わる全ての作業において、人的ミスが原因の事故は起こりうる。その仕組みを分析し、対策を分かりやすく紹介！

朝日文庫

日本航空編
機長たちのコックピット日記
「絶景ポイントはどこ?」「飛行機に門限?」「環境に優しい旅客機は?」「パイロットになるには?」など、機長ならではの秘話が満載。

日本航空『AGORA』編集部編
機長たちのコックピット日記002便
「旅客機から見た花火はどんな形?」「フライト・ナンバーはどう決まる?」など、現役機長が明かす、空の旅がもっと楽しくなる秘話四八編!

坪倉 優介
記憶喪失になったぼくが見た世界
交通事故で全記憶を失った一八歳の美大生。彼の見た「世界」とは? 染色家として独立するまでを綴った、感動の再生物語。〔解説・俵 万智〕

山村 修
禁煙の愉しみ
これまで二七年間、毎日三〇本のタバコを吸ってきた著者が禁煙に踏み切った。「味わうに足る人生の快楽」である禁煙をめぐる文芸エッセイ。

森下 賢一
偉人の残念な息子たち
あのエジソンの息子は詐欺で何度も訴えられていた! 偉大すぎる父の栄光の陰で、散々な人生を歩んだ息子たちの悲喜劇を綴った〈裏〉偉人伝。

渡辺 和子
スミレのように踏まれて香る
心を癒やす愛の力とは、女性らしさとは、しあわせとは何か……やさしくも力強い言葉で語りかける、ノートルダム清心学園理事長の第一著作集。